U0591366

系列一

给孩子句号
不如给孩子问号

陈玲玲◎著

世界图书出版公司

北京·广州·上海·西安

图书在版编目（CIP）数据

果妈总是有办法：给孩子句号，不如给孩子问号 / 陈玲玲著 . —北京：世界图书出版公司北京公司，
2014.1

ISBN 978-7-5100-7484-4

Ⅰ . ①果… Ⅱ . ①陈… Ⅲ . ①家庭教育 Ⅳ . ① G78

中国版本图书馆 CIP 数据核字（2013）第 309961 号

果妈总是有办法：给孩子句号，不如给孩子问号

著　者：	陈玲玲
策划编辑：	赵　娟
责任编辑：	李培肖　陈晓辉　武传霞
出版统筹：	吴和松
插画设计：	张明明

出　　版：	世界图书出版公司北京公司
出 版 人：	张跃明
发　　行：	世界图书出版公司北京公司
	（地址：北京朝内大街 137 号　邮编：100010　电话：64038355）
销　　售：	各地新华书店
印　　刷：	北京博图彩色印刷有限公司

开　　本：	787 mm×1092 mm　1/16
印　　张：	15.5
字　　数：	210 千
版　　次：	2014 年 1 月第 1 版　　2014 年 1 月第 1 次印刷

ISBN 978-7-5100-7484-4　　　　　　　　　　　　　　　　　　定价：35.00 元

如发现印装质量问题，请与本公司联系调换。

版权所有　翻印必究

目录
CONTENTS

Chapter 4 | 109

社会交往与人际关系

Chapter 5 | 143

家庭氛围与亲子关系

Chapter
6 | 181

课外学习与安全教育

陶行知说，生活即教育。

无论我们是否希望孩子以世俗的成功标准去赢取他们的人生，在这个竞争激烈的社会里，健康的身体、完整的人格、良好的品行，以及优秀的学习能力，是立足的必需之本。我们这些做父母的，能做的就是在他们长大之前，给孩子撑起一把伞，告诉他们遇到晴天或者雨天，应该如何在崎岖的人生道路上行走。这就是教育，其中的学生，不是孩子，是我们每一位父母。

作为一个孩子的妈妈，我在果果成长过程中遇到的事情，相信很多家长也都遇到过。比如：

果果把我给他买午餐剩下的钱，用作了捐款。孩子做的看似合理，但真的对吗？

回家后发现满桌子都是被孩子啃过的苹果，这是一次事故，还是一次机会？

果果 3 岁的时候要换转幼儿园，这时最需要关注孩子的地方是什么？

果果和小朋友打起来了，妈妈是该袖手旁观，还是上前拉开孩子，还是……

孩子什么都好奇，什么都想学，妈妈都要答应吗？

没有任何现成的教材，教妈妈们如何处理这些事情。但我总是学着用一些办法去处理，而且结果都还不错。那作为一位妈妈，我的法宝是什么呢？

核心是会提问。家教是一门艺术，而提问是和孩子沟通交流的中心环节。有效的提问是引导孩子思考的发动机，提高亲子情感交流的有效方法。

我主要从信息层提问、问题层提问、解决层提问、影响层提问这四个层级来打造提问艺术，然后再辅以封闭式、假设式、比较式等提问方法。经过这样的提问和沟通，培养孩子的换位思考能力、自我认知能力、独立思考能力等，在提问中引导孩子解决问题，促进孩子快乐健康成长。

这四个层级的提问方式，读者朋友们在书中的故事和案例中，都可以看到。为此，我根据每个故事都做了思维导图，更清晰地展示我和孩子之间的沟通提问步骤，以供大家参照和思考。

我是妈妈群中活跃的妈妈之一，和大家一样，把"当妈妈"作为一辈子的事业，只是有些特殊的经历和感想，让我想和更多的人来分享当妈妈的经验。

我是学师范教育的，近10年的师范教育系统学习经历，加上当老师的妈妈给予我的多年教育和影响，让我对教育有着一些自己的思考。同时，我也是中国最早的一批心理咨询师，从心理学的角度出发看待问题，对我工作、生活的很多方面，还是有专业指导意义的，因为这包含了行为心理学、个体发展心理学等心理学知识的应用。

我在教育行业的上市公司工作，接触到的都是国内外一流的教育资源，学习到的也是前沿的教育理念，这也让我开阔了眼界。在这个良好的环境里浸染，对我个人的成长也有很大的影响。我是职业指导师，本身也是做人力资源工作的，人力资源最重要的工作就是观人、识人、用人。得益于这个职业的训练，我也养成了一些好的职业思维习惯，让我可以运用到孩子的教育中去。我做公司的总经理已有6年多的时间，知道怎么站在一个更高的层面来看公司未来三五年的战略发展，怎样给员工做规划，怎样给公司做规划。这么多年的实践，使我非常清楚地了解国家、社会、企业到底需要什么样的人才，自然也就知道该如何规划孩子的人生、如何培养孩子。

这些都是一脉相通的。所以正是因为我的教育、职业背景，使我在处理事情、带孩子的时候，或许比别人多了一份敏锐，多了一份思考，多了一份长远。

纵观整个社会，很多人和事，是改变不了我们的，不管是父母、老师、领导、同事还是朋友，想改变我们都很难。但是，孩子的到来，却让我们主动地、积极地、发自内心地去改变。因为，在某种程度上，"妈妈"的身份、责任是独一无二的。我们需要先变成我们希望孩子成为的那个样子，然后才有资格去要求孩子。所以，做妈妈后，我们有了改变自我的契机。希望大家都能从这本书开始，为了孩子，让自己变得更好、更完美。

陈怡怡

Chapter 1 关于独立与自主

父母都希望培养孩子独立解决问题的能力。

因为我们不可能陪着孩子一辈子，他们总有一天会长大、会离开。

当他们以自己的方式，面对这个世界的时候，他们应该学会自己独立思考，独立来解决生活、工作上所要面对的各种问题。

这种能力不是等到需要的那一天才培养，实际上孩子自己解决问题，他们做得越早就越独立，也就意味着在走入社会之前受到的锻炼就越多。

其实，这件事不需要别的，所需要的最重要的一点，很简单，就是：家长学会放手。

1. 丢了的书包会回来

——给孩子独立解决问题的机会

生活中，孩子难免有丢三落四的时候，书包不小心落出租车上，家长应该怎么做？

帮孩子找书包？

没事，再买一个？

训斥一顿，怎么这么不小心？

怎么做是正确的？

也许根本没有正确的做法，因为每个孩子和每位家长都是不同的。

果果的书包落在了出租车上，丢了的书包会回来，这是怎么回事？

坐出租车送果果去幼儿园，下车后，突然发现书包落在了车上，但出租车走了。果果非常焦急，

手足无措，站在路边放声大哭。看到他大哭不止，我也跟着哭，期待着他从哭的情绪中，转化到找书包这件事上。路人很好奇地看着我们。

果然，果果看到我哭，渐渐停止了哭喊，仰着哭花的"小脸"问我：

"妈妈，我书包丢了，你哭什么呀？"

"你不是想把书包哭回来吗？我帮你把它哭回来啊。"

"哦，可书包是哭不回来的。"

"噢，妈妈错了，我还想帮你把书包快点哭回来呢！原来书包哭不回来啊，那可怎么办啊？"

果果眨巴眨巴大眼睛，看着我，忽然对我说：

"妈妈，有办法了，你记得车牌号吗？"

果果已经自己开始想办法了，我适时加以引导：

"不记得。不过有发票，不知道有没有用。"

说着我把发票递到他手里。他马上认真地研究起来。

"妈妈！这上面有车牌号！还有电话！耶！太好了！妈妈，你赶紧打电话把书包找回来吧！"

"我打电话可以，但打通电话对方要问书包的情况和里面的东西，书包是果果的，我不知道里面有什么东西，我说不清楚怎么办？"

"那……那我自己打吧！"

我把电话递给果果，他犹豫着接过去，按照车票上的信息开始拨打电话。

出租公司客服："喂，您好，请问有什么可以帮您？"

果果："阿姨您好，我书包落在车上了，我知道车牌号，您能帮我找回来吗？"

出租公司客服："小朋友，你的家长在不在身边？可以让他们接电话，详细说一下情况。"

果果："不不不，阿姨，书包是我的，我能说清楚。"

一番沟通后，出租公司的客服终于联系到了那位司机，答应马上把书包送回来。

"谢谢阿姨！"听到结果，果果很开心地说。

看到不再沮丧、非常开心、很有成就感的果果，我接着问：

"为什么果果能把书包找回来呢？"

"因为知道车牌号和电话啊。"

"那为什么知道这些啊？"

"因为有发票啊。"

"那为什么有发票呢？"

"因为您给司机钱了啊。"

"为什么要给司机钱呢？"

"司机拉我们，就要给钱。"

"哦，司机拉我们，就要给钱。"

我看他已随着我的问题，动脑筋在思考，就趁机问：

"那现在出租车司机把你的书包送回来，他就拉不了其他的活儿，也就赚不到钱了，怎么办呢？"

果果不假思索地脱口而出："那咱们付钱给他吧！"

于是，我把20元钱递给了他。只等了一会儿，出租车就开过来了。刚停下，司机师傅就赶忙把书包递过来，我和果果连声道谢，果果很客气地把手中的钱交给了出租车司机，一番推让，司机最终接受了。在这个时候，家长除了要教会孩子感激之外，作为妈妈，还应该有社会规则的教育，要引导孩子认识到别人的付出是有成本的，在能力范围内要支付费用。

看着果果拿到失而复得的书包后快乐的样子，我问他今天的感受，有没有什么要分享的。

他说："下次一定要把书包看好了，最好把书包带缠在手上，这样就不会忘了；还有，下车要拿发票，有发票就能找到丢的东西了。"

"还有吗？"我不断追问。

"下车的时候妈妈最好能提醒我一下，让我拿好自己的东西。"

"还有吗？"

"长大了我要当出租车司机。"

听到这里，我乐了，连忙问他："为什么？"

果果很开心地说："因为出租车司机都是好人……"

"那老师、警察、医生、解放军战士，都是不是好人呢？"

"当然都是好人。"

"什么样的人是好人呢？"

果果自己总结说："能帮助别人的人就是好人。"

我问他："那你今后是要做好人还是要做出租车司机？"

他说："做好人。"

"那怎样才能成为好人呢？"我问他。

他想了想，说："好好学习，上幼儿园学本领，以后就能帮助别人了。"

送他去幼儿园的路上，我在想：果果在幼儿园这一天，会带着什么样的心情去学习呢？应该是带着快乐、感恩、美好的心情去学习吧。相信不同的出发点会带给他不一样的学习意愿和动力。

果果放学回到家，我鼓励他把事情的经过讲给爸爸、姥姥、姥爷听。他像模像样地让他们坐好，提问他们遇到这种情况应该怎么办。家人都非常开心，非常认真地回答他的问题。最后果果总结，今后下车前要检查好自己的东西，要留发票，要想办法找回来，东西丢了是哭不回来的。

直到今天，果果坐出租车还是很从容、很小心，不仅会检查好自己的东西，还会提醒我们不要粗心。他对出租车司机，在潜意识里抱有非常好的印象，觉得出租车司机都是好人。

还有一个小插曲：

我有一次出差去南京的时候，从机场打车到酒店，在车里给家人打电话，结果刚下车到宾馆就发现手机不见了，一拨打，发现已经关机了，肯定是落在出租车里了。回来后，和果果说起这件事，他说："妈妈，也许不是出租车司机捡走的，是后来上车的人看到捡走的。"

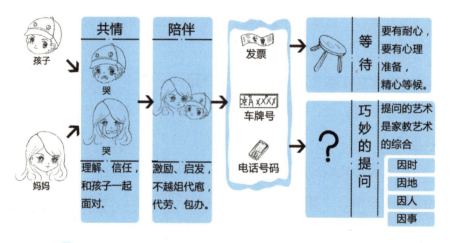

共情 陪伴

孩子

哭

妈妈

理解、信任，和孩子一起面对。

激励、启发，不越俎代庖，代劳、包办。

发票

车牌号 京A ××××

电话号码

等待 — 要有耐心，要有心理准备，精心等候。

巧妙的提问 — 提问的艺术是家教艺术的综合 因时 因地 因人 因事

果妈说：

让孩子自己去经历，不要代替孩子去经历。

在孩子遇到问题时，很多家长总是习惯自己站出来替孩子解决问题。其实我们可以换个方法，让孩子自己去体验、去解决、去总结。家长学会提问，做好正向的引导，这样孩子才会收获更多。

对于必须要让孩子自己承担、自己解决的一些事情，我通过以下三个阶段，来引导孩子转换情绪、解决问题。

1. 共情、陪伴、激励。

在孩子产生愤怒、悲伤等情绪时，要尽可能地与孩子共情，让他知道你不会责备他，你了解他的感受，并且愿意给他支持。就像果果着急大哭的时候，我也跟着哭，表明理解他的感受，这就和他产生了共情。我从信息层提问，"你不是想把书包哭回来吗？我帮你把它哭回来啊。"果果说哭不回来，开始自己想办法找回来。

这就是要让孩子知道，你始终陪伴在他的左右，在和他一起面对问题，赢得孩子的信任。在共情和陪伴中，家长可以很容易地解决好孩子的情绪控制问题。

接下来，要激发孩子的勇气，让孩子自己去思考解决问题的方法。在孩子处理事情的过程中，家长应该是辅助者的作用，在一旁鼓励和引导孩子。毕竟在未来的日子里，孩子要独立解决很多问题，家长不能一一帮忙，所以，要从小培养孩子面对问题的勇气。

2. 提供资源而不是解决方案。

我们要肯"浪费"时间陪伴孩子，等着孩子去发现、思考、解决问题。在孩子面对问题的过程中，我们要给孩子提供资源，而不是提供解决方案。方案也不要一下子都给他，而是需要什么的时候给他什么。

故事情节中的引导式的问题层提问，比如我适时给果果发票、手机、20元钱，在关键的时候给他关键的支持，不管是语言、情感还是物质方面都是如此。

3. 学会提问题，让孩子自己去经历。

家长的解决层提问，让孩子学会寻找解决问题的方法。

最关键的一点，想要帮助孩子面对问题，要学会做一个会提问的家长，给孩子启发，引导孩子主动思考，总结自己的问题，避免今后犯同样的错误，要让孩子心悦诚服地接受，并转化成自己的主观意识。

果果直到今天坐出租车还是很小心，下车时不仅会检查好自己的东西，甚至还会提醒我们不要粗心。这也是果果独自经历、独自处理问题后，真正从内心、行为上做出的改变，这是影响层提问的可喜效果。

最后我要说，生活中从不缺少育儿的契机，而是缺少发现并抓住契机的心。任何事情的发生，都是一次帮助孩子成长的机会。从心理学角度讲，这件事情对果果来说，就是重大事件。这个年龄段的孩子，一般不会遇到比这件事更大的事儿了。家长对孩子遇到的问题或者情绪，应该保持敏感，要多用心，让每次遇到的"小事"，都成为砌筑孩子成长的一砖一石，让孩子每一个阶段都得到相应的锻炼和经验。（关于提问的技巧，我在附录中有专门的阐释，家长们可以对照着看看。）

亲子关键词 ✿

共情

心理学名词。

简言之，就是体验别人内心世界的能力，即同理心。

"共情"是指家长和孩子在一起时，能进入到孩子的精神层面，遇"事"，一起面对，遇"情"，共同体验。这样才能感受到孩子的内心世界，才能将心比心地去感同身受。

故事中书包丢了，果果哭，妈妈也哭，就是对"共情"的运用。不同的妈妈也许有不同的共情方法。不管方式如何，最重要的是要让孩子能感受到家长对自己的理解和支持。

提问的艺术

在实施教育的过程中，提问作为一种手段，综合了多种教育能力，比如：对环境的了解，对此时此地此情此景的判断，对情绪的控制，对积极性的把握，对已有知识基础的认知，对问题难度、坡度、相关性的安排，等等。

迁移到家庭教育活动中，是指家长即时的、有针对性的提问，引发孩子入情入境地积极思考，自主答疑。提问的艺术，对家长来说，是家长各种综合素养的集中体现。

四级提问法

社会在进步，孩子接触到的各种信息越来越多，家庭教育变得越来越难，这是毋庸置疑的。各种传统的教育方法，遇到了前所未有的挑战，因为传统的教育方法大多是去说教，而很少让家长去提问。

本则故事，就是想与家长们分享提问的方法。在平日的生活中，我总结了一套与孩子交流的"四级提问法"模式：

第一级，信息层提问。

用来了解何时何地何种情况，目的是对孩子说的或发生的事，做一个初步的了解，从而有一个基础判断。

第二级，问题层提问。

询问孩子在具体事件中，遇到了哪些问题或潜在问题，目的是结合自己的判断，拿出相应的解决思路。提什么样的问题，往往可以得到相应的答案。要得到有价值的答案，就必须提出有价值的"问题"。只有潜在问题被找出来，解决之法才会有眉目。

第三级，解决层提问。

对孩子进入解决状态后进行影响、指导、纠偏、梳理、实践。这个层面的目的就是引导孩子直面问题，有针对性地启发孩子解决问题。

第四级，影响层提问。

对于孩子已经经历过的事情，引导孩子进行归纳总结。这个层面主要是让孩子跳出具体事件，形成清晰认识，便于今后遇到同类事件时，可以举一反三，从容面对和解决。

2. 打羽毛球从买球拍开始
——培养自我认知能力，从小事做起

孩子说想学打羽毛球，家长会怎么做呢？

替孩子买好羽毛球拍，替他报名羽毛球培训班，然后再带他去训练？

忽然有一天，果果也想学打羽毛球……

果果看到别人打羽毛球，自己也想学，我和果爸很赞成。

趁周末，我带着果果去体育用品商店买羽毛球拍。到了商店，我在休息区一坐，果果就开始挑选羽毛球拍了。

各种各样的羽毛球拍，琳琅满目，各色品种应有尽有。他选的时候不知道选什么样、什么价格的，一脸的无奈和茫然，果果就问售货员：

"阿姨，您好，您看像我这样的小孩，应该选一个什么样的羽毛球拍好呢？"

售货员就问他："会打吗？"

果果说："不会。"

售货员就推荐了几副羽毛球拍，供他选择。

在选择的时候，他发现旁边有个售货员阿姨在给球拍穿线做网，果果很好奇，觉得这样的羽毛球拍更好，就说："阿姨，我也要买那个可以穿线的拍子。"

于是，售货员就帮果果选了一个空拍子，他站在旁边，目不转睛地看阿姨是怎么穿线的。看了一会儿，我就问果果："如果想成为一个穿线工，你觉得需要具备什么素质？"

果果自己总结到："必须细心、耐心，还要有责任心。"

"然后呢？"我继续问。

"还有手指要灵活、灵巧，手眼协调要好。"

然后我继续问："那你能做吗？"

果果说："我可以，因为我有耐心、有责任心，但是我手眼协调不够好，动作不太熟练，训练一下，熟练之后就可以做好了。"

说完，他就兴奋地对阿姨说："我可以试试吗？我觉得我已经看会了。"

阿姨同意了。

于是果果拿起线，笨手笨脚地开始了。但是果果穿了一会儿，就交给了阿姨，宣布不穿了。

我问："为什么不继续穿了？"

果果："太不好穿了，妈妈。"

我说："你不是说你有这个'心'那个'心'的吗？"

果果："我现在就剩下好奇心了，别的'心'都没了，这个活儿太费劲了。我已经会做了，但不想做。"

"哦，那你觉得什么情况下，你会坚持做完呢？"

"不得不做的时候。"果果想了想总结道。我释然，心想，有这些收获已经很不错了。

接着，他又在羽毛球区域转悠着看羽毛球，想买一桶。可转完后发现，价格有一个十几元钱的，有一桶十几元钱的，还有好几百的。他不知道应该选哪种，就疑惑地问：

"妈妈，羽毛球的价格怎么多少钱的都有啊，都不知道买什么好了。"

我说："价格为什么差异这么大呢？你仔细观察一下，看看是什么影响了价格。"

半小时里，果果就到处比较差异，我在一旁等着。通过观察，果果发现数量、产地、品牌、材质、包装等都会对价格产生很大影响。

后来我就问他："既然这些因素影响了价格，那你买羽毛球的时候会买什么价格的？"

果果："不知道，还是要打打试试的。贵的、便宜的、中等价位的我都要买，我看看贵的能打多长时间，便宜的能打多长时间，中等价位的能打多长时间。"

说完，他又转向售货员："阿姨，你有什么好的建议吗？"

售货员建议他买最便宜的，因为他是初学者。果果最终还是买了三种价位的羽毛球各几个。在果果看来，高、中、低档的都要尝试一下，才知道自己要买什么，不是说贵的就是好的。

在一个体育用品商店，花两个小时时间选羽毛球拍和羽毛球，很多家长都忽略了这个"开头"——这个选购的过程，以为学会打羽毛球才是重要的，但我要说，学习某项技能过程中的体验、感悟、收获远远大于学会某种技能本身。这个过程也是一次家长跟孩子沟通、跟孩子在一起分享成果的过程。

首先，这样一次小小的购物，是最容易产生误区的地方。很多家长认为学习打羽毛球是重点，所以替孩子包办买球拍，包办选教练、选场地，督促孩子练习。其实不然，打羽毛球只是一项运动，它是不断重复的过程，多练自然就会了。家长应该从孩子想学习打羽毛球开始，就做个有心人，抓住每个教育的契机，从如何选器材、如何让孩子克服困难坚持学下来、如何在学习中看待胜负等事件中，不断地对孩子实施影响，陪伴孩子一起成长。

其次，平平淡淡才是真，从小事做起培养孩子的品质。陪伴孩子成长的每一天，不可能都是轰轰烈烈的大事，吃喝拉撒玩才是生活的主体。"买羽毛球"这个案例，最关键的就是想要家长知道，要随时随地培养孩子独立思考的能力，让孩子对自己有一个客观清醒的认识。

就像"给羽毛球拍穿线"这个活儿，果果以为他可以做，但一动手就发现自己做是可以做，但不愿意做，不喜欢做。果果总结自己动脑子行，动手嫌烦，重复的工作不喜欢做。那什么情况下他才会做？不得不做的时候，他才会做。所有这些，都要让孩子自己去体会、去感知、去了解、去思考。这样他才能有一个客观的自我认知，知道自己的优势和劣势，这对孩子的成长是非常重要的。像很多刚从学校毕业的大学生，为什么迷茫，为什么找不到合适的工作？最主要的是，我们的学校、家庭都没有这样的意识：没有从小培养他们对自我的正确认知。他们不知道自己的兴趣所在，优势所在，也就没有职业认知和喜好，注定会迷茫。

亲子关键词

生活即教育

"生活即教育"是陶行知生活教育的理论核心。对此陶行知有过很多论述，其内涵十分丰富。

陶行知认为：教育的根本意义是生活之变化。生活无时不变即生活无时不含有教育的意义。生活与教育是一回事，是同一个过程，教育不能脱离生活，教育要通过生活来进行。无论教育的内容还是教育的方法，都应该符合生活的需要。

在果果自己挑选羽毛球拍的过程中，我非常用心地引导、提问。果果所进行的各种比较和选择，淋漓尽致地体现了他自我认知的过程。这就是细微生活中的亲子教育。

这让我想到：

有一次，我们一家人开车在路上，在收音机里听到了一个词"闪婚"。

果果就问我："什么是闪婚？"

我说："闪电给你什么感觉啊？"

果果说："很亮、很快、很危险。"

我说："你觉得婚姻呢？像闪电一样的婚姻是什么？"

果果说："很亮、很快、很危险的婚姻叫闪婚。"

"不对，婚姻不能是亮，应该是很快、很强烈、很危险的婚姻。"果果又自己总结到。

后来我跟果爸都很认同果果的看法。我理解的闪婚也就是快，但没想到强烈和危险。

所以，赋予孩子思考的能力，孩子的答案就是多彩的。

后来有个家长告诉我，有一次孩子问他什么叫"垃圾邮件"，他就想起了我讲的果果的这个故事。然后，他就问孩子："垃圾是什么意思？"孩子就回答："没用的。""那垃圾邮件呢？""没用的邮件。"

父母在孩子心目中的形象，也是要多元化的。有些方面，父母可以很强，让孩子可以依靠、依赖，给孩子安全感；但父母更要学会示弱，学会提问题，让孩子主动去发现和解决问题。无论是旅游、购物，还是孩子随口问的小问题，这些都是生活中的日常细节。怎样在这些生活小细节中引导孩子，让孩子有更大的收获，家长需要花点心思，学会问问题，做好引导。

3. 眼镜没找到

——复盘、推演也是一种经历

孩子在学校除了学习，也会面临各种意想不到的人际关系方面的问题。

班里同学的眼镜不见了，乍一听，这个事情跟果果一点关系也没有，但是果果却收获了很多，这是怎么回事呢？

一天，果果放学回家，开心地对我说："今天老师表扬我了。"

"哦，为什么呀？"我很期待地看着果果。

"班里发生了一件事儿，有个同学有副很特别的小眼镜，同学们都非常喜欢，传着看。传来传去，后来发现眼镜没有了。丢眼镜的同学开始怀疑有人偷了，就告诉老师了，但后来也没找到。"

果果简单扼要地把事情给我讲述了一遍。

我问果果："那老师表扬你什么了？"

果果说："因为后来老师问了我们一个问题，说：'如果有哪个小朋友，有特别好看好玩的东西，你特别喜欢，这时候你会怎么做呢？'很多同学就说，可以过去摸一摸、看一看。"

果果接着说："我就举手回答老师，我说我会问，你这个东西我很喜欢，你知道在哪儿买的吗？多少钱呀？我会带着妈妈爸爸一起去给我买。就这样了，回答完毕。"

我说："所以老师就表扬你啦？"

果果说："是呀，老师夸我说得对，遇到自己喜欢的东西，可以问清楚在哪里买的，让爸爸妈妈带着去买。"

"哦，原来老师表扬的是这个事情。"

"你怎么会这么回答呢？"我又接着问。

果果说："本来就是啊，他的东西我很喜欢，但又不能向他要，只能自己找妈妈再买了。"

我继续问他："那你觉得老师的办法好吗？"

他说："好，但也不好，因为毕竟东西没找着。如果我是老师，我会问丢了东西的同学，你怀疑谁？然后去调查小朋友。"

果果不假思索，脱口而出。

"你觉得这个办法比老师的好吗？"果果想了想，感觉这办法也不太好，"这样没拿的小朋友就被冤枉了。"

"还有更好的办法吗？"

"可以发动同学一起找，也许不小心掉在了哪个犄角旮旯呢。"说着自己也笑了。

我又问："如果你是丢了眼镜的那个同学，你会怎么做？"

"我会自己先找，然后发动大家去找，最后告诉老师。"

"为什么啊？"

"也许是自己不小心落在哪里了，或者同学没注意掉了。最后找不着，没办法了，再找老师。"

我说："明白了，弄丢了东西，确实比较麻烦，那得动用多少人力啊！"

我又接着说："那咱们再想想有什么好办法保证你的东西不丢吧。"

果果说："不把东西带到学校，或者带到学校自己看好了。"

"那要是带到学校，怎么看好呢？"

他说："拴个小绳，别人就带不走了。"

"哦，好办法。那如果你不小心拿了别人的眼镜，你怎么办？"

果果一下子显得特别紧张，说："不可能，不会的。拿别人东西是不对的。"

其实，我只是想让他设想、感知一下这个情境，如果拿了别人的东西感受是怎样的。当孩子有了紧张、不舒服、不好受这样的体会和认识后，相信他是不会轻易动别人的东西的。

"那如果别人的东西不小心落在你那里了，你会怎么做呢？"

"哦，我会跟妈妈、老师说明情况，把东西还给那个同学。"

"真是个好孩子。"事情问到这里，已经让孩子从局外人变成了局内人，感受到了局内人的心情，知道了应该采取的办法和吸取的教训。

找眼镜

同学眼镜丢了

回家复述过程，
得到表扬

妈妈认知有落差，期待

了解表扬真相——
不是期待中的表扬

引导孩子思考

换位老师：怎么办？
换位丢眼镜同学：怎么办？
怎样保证东西不丢？
不小心拿了别人东西怎么办？

强化：换位思考。

果妈说：

把握时机，事件"复盘"、"推演"，培养孩子多角度换位思考的能力。

教育孩子的素材（故事）从哪里来？我总结，可以有三个渠道：

一是自家之事。也就是发生在自己孩子身上的事。这类事，是家长跟孩子亲自经历过的事情。

二是别家之事。天下之大，无奇不有。有很多事不可能都会一一发生在自己家中。这类事，都是我们耳闻目睹发生在别人家的事情。

三是书本之事。一些特殊或非常之事，一般人家不可能遇到，比如其他国家、其他民族的家长和孩子经历的一些事情。

自己家的事，当然是用起来最自然不过的，但发生在别人家的或者是我们随时读到的、看到的，同样也可以"借题发挥"。

虽然说果果并没有帮助同学找到眼镜，但通过询问这件事，通过很多的假设、推演，相信他已经知道如何避免丢东西以及丢了东西怎么找了。

也许，他以后在面对事情的时候，就会站在多个角度、转换不同的角色来客观认识一件事情，拥有同理心，学会换位思考，使他更能够接纳、包容和理解别人，也更懂得站在别人的立场、角度考虑问题。

说到站在别人的立场看问题，还有一个小故事：

记得有一年我过生日，果果送给我一辆红色跑车模型作为生日礼物。当时他3岁，疯狂迷恋各类车模，这是他最喜欢的玩具。我拿着礼物，感受着儿子将最心爱的东西送给了妈妈的心情。

后来有一次，陪他看《小熊维尼》，其中有一集讲的是屹耳造房子的故事。屹耳是头驴，它的房子被风吹跑了，大家都想帮它盖房子。跳跳虎建议屹耳将房子建在树上，因为它的房子就在树上，很安全，但是建好后，屹耳爬不上去；兔子瑞比建的房子漂亮、智能，建议屹耳的房子和它的一样，但是房子建好后，因为太小了，屹耳钻不进去；小猪也建议屹耳的房子跟它的房子一样，但是也不行。最后屹耳说还是自己原来的房子最好，大家就帮他搭建了一个跟原来一样的房子，它才开心地笑了。

看到这里，我问果果："屹耳到底想要什么样的房子呢？跳跳虎的房子多好啊，瑞比的房子也不错，为什么屹耳不喜欢呢？"

果果："都是它们自己喜欢的，屹耳不喜欢。"

我问："那我们要是给屹耳盖房子，盖什么样的？"

果果："屹耳喜欢住什么样的房子，就盖什么样的房子。"

我说："嗯。不是我们认为什么样的房子好，就给屹耳盖什么样的房子，而是要适合他的，他喜欢的。"

我看果果明白其中的道理了，就接着启发："妈妈快要过生日了，你如果送妈妈礼物，会送什么呢？"

果果忽然明白了，说："妈妈，等你今年过生日的时候，我送你一个你最喜欢的东西。"

后来，我过生日的时候，他跟他爸爸一起选了一个我最喜欢的玉饰品，作为礼物送给了我。

很多时候，家长可以当时当地教育孩子，发现孩子做得不妥的地方，立刻批评指正。但有些事情，寻找合适的时机，通过恰当的事件，来引导教育孩子，效果可能更好。就像果果送我生日礼物送的是他自己喜欢的东西，我当时不加反对，事后当我陪孩子看电视，看到合适的故事，再启发教育孩子，孩子接受起来会很愉悦，印象也会很深刻。

亲子关键词

"复盘"和"推演"

"复盘"是棋类比赛上的专有名词，是指比赛者重新逐步恢复棋盘上的"厮杀"过程，以便能更清晰更直观地总结经验教训和得失。

妈妈们在帮助孩子"复盘"的时候，为了保证谈话的顺利进行，要做到三个方面：一是把握方向做好引导，保证谈话按照设定的方向进行；二是正确提问，通过不停地追问、不断地对事件进行挖掘，来引发孩子思考，进而得出结论；三是引导孩子主动叙述，对事情的整个过程进行情境重现，在叙述过程中对孩子提出的问题进行回答，在解答疑问的过程中引导孩子思考，得出结论。

"推演"是心理学名词，是指设身处地、换位思考，把自己带进故事中的"角色"，以体验和感悟身处其中的状态。

不管是"复盘"还是"推演"，强调的都是拿"经历之事"、"别人之事"，自己"演"一遍，目的是体验、总结，起到教育的作用。家长学会引导孩子进行情景重现，抓住事件的关键点，得出结论，这种方法，要大大优于空洞的说教和空泛的理论。

4. 发现了箱子的秘密

——独立思考比获得知识更重要

独立思考是一个人的"内芯"，当孩子独立思考的意识萌芽的时候，家长应该关注哪些方面？

应该如何去做？怎样才能更好地培养孩子这种能力呢？

吃晚饭的时候，果果讲了今天他在学校里做的一件事。就是这件特别有趣的日常小事，引发了我很多思考。

果果学校规定每周有一天集中回收废品。他们班今天是回收废品日，平时果果都把送去回收的物品放在一个大箱子里，很多同学的废品也都一起放在他的箱子里。他们班是在三楼，要把这个大箱子拿下去，放到一楼，但是箱子太大太重，一个人拎不动。

果果踉踉跄跄又推又拉地往楼下运，一不小心，摔了一跤。就在这时候，奇迹发生了，大箱子竟然从三楼顺着楼梯自己滑到了二楼。

果果吓坏了，以为闯了大祸，急忙到二楼去检查，发现箱子竟然完好无损，什么东西都没有撒出来。

果果也忘了自己摔跤的疼痛，蹲在楼梯边"研究"了一番，得出两条结论：

第一是箱子可以这样"搬到"楼下；

第二是庆幸箱子密封得很牢固，否则该散架了。

得出这些"科学结论"，果果感觉这一跤摔得太值了。为了验证自己的想法，他把箱子摆好，按照一定的角度，轻轻地推了一下。结果毫无疑问，大箱子又安然无恙地"到"了一楼。

果果把这个"神奇"的办法告诉了同学，手把手地"传授经验"：

先让他们检查箱子是不是封闭得很紧，如果封闭得紧，他就给同学做示范，怎么可以从某一个角度让箱子自己滑下去。

同学们都兴奋地玩起滚箱子的游戏，都夸果果聪明，能想出这么个好办法。但是在滑箱子的过程中，也有小朋友没严格按照果果的要求，把箱子封严实，结果里面的东西散落得整个楼梯上到处都是。虽然后来在大家的帮助下收拾干净了，但却耽误了不少时间。

故事讲完，果果兴奋地问我："妈妈，你觉得我是不是很聪明啊？"

我说："嗯，挺不错，但这件事情跟你很善于发现，爱动脑子思考有关，跟聪明关系不大。还有，你很乐观，摔了一跤都不嫌疼，还发现了规律，这很棒。最可贵的是你乐意和小朋友分享你的经验和快乐，这也非常好。牛顿被苹果砸中，发现了万有引力；果果摔了一跤，发现了运送大箱子的秘密。真不错！"

看着果果有点小得意，心情正好，思维正活跃，我接着问他："在跟同学分享的时候，你是怎么做的呢？"

他说："我自己总结，并且给同学们说了两点：一个是箱子必须密封紧，一个是角度要合适。"

"哦，你已经跟同学说过，箱子要密封紧，那为什么还有同学的东西撒出来了呢？"

"刚开始，我都检查了，后来人太多，没顾上，大家光想着好玩了，也没注意。"

"因为这个没注意，最后造成了什么后果啊？"

"别提了，箱子散开了，大家都忙着收拾废品了。"

"时间上呢？"

"耽误工夫了呗，本来一分钟的事儿变成十分钟了。下次一定要让他们严格封箱，否则太麻烦了。"

"果果真棒！箱子为什么要密封紧，我明白了。不过角度到底是多少度？我还是不清楚。"

"我也不知道角度是多少，就是贴着第一个楼梯和第二个楼梯的棱滑行就可以顺利滑下去。"果果比比划划道。

我说："你这么说，我就明白了。当时在现场，你是怎么跟同学讲解的？"

果果说："也没怎么讲解，就是在楼梯边上，边比划边告诉他们就这么滑就可以，他们都看明白了。"

我说："你看，在现场，你们可以边演示边说，大家很容易理解，但没有现场演示，你跟我说的时候，我就很难理解，所以你在表述的时候一定要清晰准确，比如'贴着第一个楼梯和第二个楼梯的棱滑行'或者告诉我多少度角，我就比较容易理解，否则很容易理解错误。"

果果沉思了片刻，说："也是。"

我接着说："说心里话，这件事，你做得非常好。你不仅自己总结经验找规律，还能跟同学分享，并且把这个经验推广，大家都省时省力，还都玩得很开心。做得不错！有句古话说得好，'窍门满地跑，看你找不找'。只要有一双善于发现的眼睛，一颗勤于思考的小脑袋瓜，任何坏事都能变成好事。"

果果听到我表扬他，也很开心。

 果妈说：

善于观察，独立思考比获得知识更重要。

纵观世界上那些有杰出贡献的人，他们都有一个共同点，就是善于观察，拥有独立思考的能力。相信很多家长们都认识到了它的重要性，但怎样培养孩子的这种能力？如何让它变成一粒种子，根植于孩子的体内，在合适的土壤中生根发芽？

首先，家长要保护孩子的好奇心，尊重孩子的好奇心，正确引导孩子的好奇心。好奇心是孩子的天性，是他们探索和思考的动力。孩子的观察能力和独立思考能力往往是跟好奇心联系在一起的。

其次，孩子毕竟还是孩子，在思考的时候难免有不全面、不完善的地方。这个时候就需要家长科学地引导提问，为孩子创造一个思考的情境，引导启发孩子系统地、全方位地寻找规律，做出总结，精准表述，积极分享。这样孩子就能在家长创设的情境中学会深度思考了。

最后，在孩子取得一些进步的时候，不要夸奖孩子聪明。要更多地将成绩归功于他善于观察、勤于思考。因为聪明是天生的、抽象的，很难去量化或者改变。如果一味地夸奖，强调"聪明"，在孩子的自我认知里，就会逐步形成"没什么大不了，我很聪明"这样的认识。不夸聪明，强调的就是只有通过你的努力、你的勤奋、你的付出，你才能取得进步、获得成绩。所以，夸奖孩子，最好归结于可以改变和能感知到的优点或者行为。落脚点是客观的努力，而不是主观的判断。这两种夸奖貌似相同或相近，实则却有天壤之别。

关于独立思考，记得还有一件事：

一次，语文老师让学生预习《曹冲称象》的课文，并让小朋友找答案：曹冲的爸爸是谁。

因为这个问题，果果做了一个小时的作业。

他首先通过百度搜索了解到曹冲的爸爸是曹操。后来他又忽然想起来写《七步诗》的曹植，他爸爸也是曹操，那么曹操究竟有几个孩子呢？

于是他又了解到，还有一个曹丕。等把这几个人都了解了之后，又开始百度曹操，发现了曹操有一个著名的战役是"官渡之战"，又开始查找"官渡之战"是怎么回事，等他把这些都搜索弄明白了，时间已经过了一个小时。

爱因斯坦说：学会独立思考和独立判断比获得知识更重要。没有良好的独立和批判思考习惯的人，将会失去生活的最大乐趣。家长们应该把发展孩子独立思考和独立判断的能力始终放在首位，而不是把获得专业知识放在首位。知识随时随地都可以习得，而思维习惯一旦固化，将会跟随孩子一生，且难以察觉。

独立思考能力

箱子滑下楼　大箱子装废品，集中运到楼下去　日常生活
　　　　　　不小心摔一跤，箱子自己滑下去　偶然事件　1.箱子要密封
　　　　　　果果轻易没放过，抓住机会细琢磨　总结规律　2.滑下去有角度

　　　　　　　　　　　　　　　　轻易放过
　　　假设　对于一般学生　　　重点在摔跤，夸张渲染，扯出事
　　　　　　　　　　　　　　放过箱子自动滑下去的规律

预习课文《曹冲称象》，找出曹冲的爸爸是谁。

果果做了1小时作业

查资料

查资料——曹操、曹丕、官渡之战

亲子关键词

独立思考

　　独立思考能力，是指在分析判断事情方面不受外界因素影响的能力，它是获得独立人格的唯一途径。培养独立思考能力有时候也需要技术性的方法，比如怀疑一切的勇气。

　　果果发现箱子的"秘密"和他预习课文自己主动找答案、找方法的过程即为独立思考的过程，这种能力父母要从小鼓励和培养，对孩子未来发展将有深远的影响。让孩子学会独立思考，首先要多鼓励孩子发表自己的意见，建立自信心；其次，要保护孩子的好奇心，培养求知欲；最后，父母要多向孩子提出启发性的问题，让孩子养成独立思考的习惯，而不是简单地给予答案。

世界观与价值观

人，是靠世界观和价值观来指导人生中的一切行为和活动的。

好的世界观和价值观将指导一个人做正确的事，实现一个圆满的人生。如果一个人从小对世界和生活有一些错误的认识和价值取向，将可能导致长大后滑向另一个社会极端。

一个人，可能他的身体是强壮的，各种能力也很强，但如果是他的世界观和价值观中出了些差错，哪怕可能只有一小点，就有可能从社会的栋梁变成社会的对立面，这个后果不堪设想。

从这个意义上讲，这应该是孩子教育的方方面面中最、最、最重要的了。

一个好的世界观和价值观将会让孩子健康快乐地成长，也会让孩子受益终生。

5. 快餐店里的爱心捐款

—— 只有我的，我才可以支配

市场经济社会的今天，每个孩子都不可避免地会接触到钱。

现实生活中，孩子会经常面对：哪些钱可以支配，哪些钱不可以支配，如何支配等金钱应用问题。

这些问题，长大以后会对孩子产生重要影响。

这就需要我们家长正视，并从小进行正确的引导。

星期天，约朋友出去吃饭，顺便聊聊。

我带着儿子果果，她带着女儿朵朵。

来到店里，门口在举行为希望工程捐款的宣传，人很多，很热闹。

我们走进去，找个位子坐下来，各自给孩子 100 元，让孩子去买各家的饭，锻炼一下孩子，正好我和朋友聊聊天，好久没见了。

朵朵拿着钱，转身就跑去选餐了。

果果跑了几步，又返回来问我："妈妈，你想吃什么啊？"

"随便，儿子选什么，我就吃什么。"我从热闹的聊天中，回头看着儿子，笑着说。

"好的，我知道了。"果果说着，又转身跑去排队。

朋友若有所思，停止聊天，问我：

"你儿子真知道关心人。你看我们家朵朵拿着钱就跑了，她买的一定是她喜欢吃的。"

"呵呵，等她回来，你把你的想法告诉她。"

朋友对我笑了笑，说："没用的。"

说完我们又接着聊天。

不一会儿，两个孩子把"美味佳肴"都买回来了。

正准备开吃，我发现一个"严重"的问题：果果的钱少了！

我对照菜单和他交回的钱，发现少了20元，就问：

"果果，这钱不对啊！为什么少了20元？"

"哦，是这样的，我买完东西，看到门口有给希望工程捐款的活动，别人都在捐，我也捐了20元。"

噢，是这么回事，小小的儿子，已经有了大大的爱心。我心里暗自称赞，但涉及"钱"的问题，还是要说清楚比较好：

"果果为什么要捐钱？"

"我知道希望工程，有些地方很贫穷，小朋友上不了学，我就想捐钱给他们。平时不知道怎么捐，正好这次见到了，就捐了20元。"

听着儿子有条理的解释，心里既欣慰又温暖。

"你觉得捐20元够吗？"

"当然不够，20元钱只够买一本书的。"

"那你觉得需要多少钱才够呢？"

"需要很多很多钱，那样才能盖很多很多漂亮的学校，买很多很多的书。"

"哦，需要那么多，但你只捐了20元，不够怎么办？"

"零花钱少花点，我以后多赚钱，多捐点。还可以发动大家一起捐。"

"零花钱少花点我明白，但你怎么赚钱呀？"

"好好学习，将来上班赚钱。"

"我明白了，你会省钱，也会好好学习，将来努力工作赚钱，帮助上不起学的小朋友，果果真棒！"

"果果捐钱给希望工程，说明果果有爱心，特别好，妈妈赞成。但是，刚才你捐的是你的零花钱？还是你赚的？"我继续说道。

"不是，是妈妈的。不过没关系，我回家拿我的零花钱，还你20元。"

"好的。另外，我给你100元钱是让你干什么用的？"

"买午餐。"

"对。用妈妈的钱做跟午餐不相关的事情，要不要征求妈妈的同意呀？因为只有自己的钱和东西，你才能自由支配，其他人的，无论是爸爸的还是妈妈的，都要征求对方的意见，是不是？"

"OK，我懂了，妈妈。我的东西我可以用，别人的不能用，爸爸妈妈的也不行，用的时候要征求爸爸妈妈的意见。"

"果果总结得很正确。你想捐多少钱都可以，但必须是果果自己的。另外，如果想捐很多钱，就要去赚钱，先好好学习，将来努力工作去创造。一个人只有努力去创造，属于自己的东西才能越来越多。"

果果很开心地告诉我："妈妈，我懂了。"

听完我们的谈话，在一旁的朵朵妈对朵朵说：

"朵朵，听明白阿姨说的话了吗？"

朵朵笑着说："知道了，知道了。"

果果说："饿死了，我要开动了。"于是大家开始吃饭。

过了一会儿，朵朵想吃冰激凌，就去买，果果也跟着跑过去。

一会儿后，朵朵"派"果果回来，问她妈妈：

"阿姨，朵朵也想给希望工程捐20元钱。问你同意不同意？"

朵朵妈说："告诉朵朵，我不同意。"果果转身又跑走了。朋友叹口气，笑着自言自语：

"还别说，你刚才的教育，真产生效果了。起码会尊重人了，知道先征求意见啦，但这钱没法捐，捐给谁还不知道呢。"

我笑笑，和朋友又聊了些工作上的事，就各自回家了。

回去的路上，果果搂着我，亲了一口，说："我妈妈是世界上最好的妈妈。"

我甜蜜地问："为什么妈妈是世界上最好的妈妈呀？"

"因为你同意我捐钱，朵朵妈妈就没同意，所以你是世界上最好的妈妈。"

"哦，那假如你是朵朵，妈妈不同意，你怎么办？"

"我会说，先借妈妈的，用零花钱还上。"

"那还是不同意呢？"

"那就以后有机会再捐吧。"

"哦，果果，其实我们想帮助别人，要根据自己的情况量力而行，也不一定只有捐钱一种办法，会唱歌给别人唱首歌，会跳舞给别人跳支舞，有力气给别人干点活，这也都是帮助。只要爱心在，行动就是爱。"

果果一下子笑了："唱歌跳舞也算是捐助啊！"

"那当然，只要是自己的劳动、自己的创造，都可以帮助别人。"

 果妈说：

我有权支配我的，我无权动用别人的。

在孩子的成长过程中，很多家长都知道培养孩子智商、情商，甚至逆商的重要性。但我认为树立和培养孩子正确的财商观，也是很重要的。要让孩子认识到钱的重要性，同时又不被金钱所累；努力获取财富的同时，还要想着回馈社会。所以，培养孩子如何合理支配金钱也是一个重要课题。

有了钱，可以做什么？不可以做什么？谁来支配？怎么支配？原则是什么？捐款后，经过沟通，果果最后知道：我有权支配我的，我无权动用别人的；我想拥有更多，帮助别人更多，那就努力创造，这样支配的时候才有针对性、合理性。有了这些意识，相信对现实生活中各式各样牵涉到"钱"的事情和问题，他都能够顺利解决了。

平日里，我们家每次出去旅行都会给果果一定数目的零花钱，这个零花钱果果可以自由支配。刚开始的时候果果很兴奋，瞎买、乱买，见到好东西就买。等钱花完的时候果果才发现有的东西北京也有，不该买，而有的东西很喜欢，因为零花钱没了，却买不了。渐渐地果果自己总结出两条购物原则：一是买北京买不到的，当地特色的；二是买北京昂贵的，当地非常便宜的。8岁的小孩能总结出这两条支配原则，真的很令人欣慰了。所以家长只要给孩子机会，只要有意识地去培养，孩子就会回馈你一份意外的惊喜。

现代社会，经济及金钱现象无处不在，人们对金钱的态度、获取和管理金钱的能力，对人们生活的富足、幸福影响越来越大。只有受到良好金钱观教育的孩子，长大成人后才能对金钱抱有正常的心态，处理好人与金钱的关系。

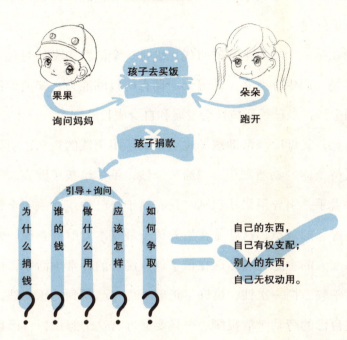

約朋友吃饭

果果　询问妈妈

孩子去买饭

朵朵　跑开

孩子捐款

引导＋询问

为什么捐钱？　谁的钱？　做什么用？　应该怎样？　如何争取？

＝　自己的东西，自己有权支配；别人的东西，自己无权动用。

亲子关键词

财商

　　财商是一个人认识金钱、驾驭金钱的能力，是一个人在财务方面的智力。通俗点讲，就是应该教会孩子两点：钱怎么来？钱该如何花？

　　我们都知道，要适应社会必须培养孩子的综合素质，而财商是孩子在将来的生活和事业上所必备的重要素质之一，这关系其一生的幸福。能否过上有尊严的生活？能否充分自由地选择自己的职业、从事自己感兴趣的事情？以及由此能否带来自信心和成就感的满足？能否有能力帮助别人、回馈社会？等等，这些都依赖于良好的财商意识的建立。

现在是一个物质丰富的时代，也是一个消费主义的时代。金钱和财富是人们生存所必需的筹码。拥有赚钱的能力、知道如何正确地使用金钱，是孩子适应社会发展和自身成长的需要。

因此，父母应该帮助孩子建立正确运用金钱的观念，引导孩子正确看待个体的物质欲望。"给孩子钱，不如给孩子财商。"果妈从小事着手，引导果果认识到"只有属于自己的东西或者金钱，才有权支配"的观点，这就是在培养孩子最基本的财商意识。财商不是多么宏大的主题，它体现在孩子点点滴滴的日常生活中，也许是买一次午餐、捐一次钱，也许是正确处理自己得到的压岁钱，也许是通过自己的劳动赚取报酬……只要父母有这个意识，自己也积极提高自身的财商意识，就能适时传递给孩子，让孩子自然习得财商。

6. 跳绳"跳"出的事

——积极的态度最重要

生活中总会有看似不公平的事情发生。

说好的只要家长签字，确认孩子一分钟跳绳超过 70 个，老师就会发小礼物，结果最后规则变了。

如果你的孩子达到了老师的要求，却没得到老师的小礼物。

当面对这样的事情时，家长应该怎么做？

跟孩子一起抱怨老师？

给孩子物质补偿？

或是……

一天，果果放学回家后告诉我说，体育老师布置了一项作业：

今天回家，一分钟内跳绳，凡是能跳 70 个的，家长签个字，明天可以领到小礼品。

吃过晚饭，我跟果果在楼下散步，果果对我说：

"妈妈，咱们开始吧，你帮我数着。"

果果第一次跳了 60 个。

第二次跳了 70 多个。

第三次跳了 80 多个。

回到家中，果果说："妈妈，你给我写 70 个就行了。"

然后，我就给他在本子上签了字确认，让他拿到学校交给老师。

第二天果果放学回到家，很不开心的样子，我就说："果果，来，跟妈妈分享一下你的奖品。"

果果郁闷地说："我没领到。"

我疑惑地问："为什么呀？妈妈不是签字了吗？"

果果说："我们班跳 70 个以上的有 10 多个同学，可是到学校后，老师让我们又跳了一遍，我没有跳到 70 个，老师就没给我礼物。"

我问他："哦，没拿到礼物。"

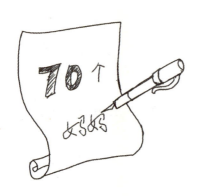

说着，我走到果果面前，拥抱了果果，低声说："心里很难过吧？"

果果说："很难过，也很生气，老师不信任我，还让我再跳一遍。"

"难过、生气之后呢？还有别的吗？"

果果说："还觉得不公平，本来说好的跳到 70 个，家长签字就给礼物的。"

"还觉得不公平，还有吗？"

"觉得自己也有错，应该一下子跳到 70 个就好了，是吧？"

"是啊，如果能跳过 70 个就好了。"

"你想过其他办法吗？比如找老师争取再跳一次吗？"

果果说："想过，不过，老师就让我们跳一次。后来我想期中考试和期末考试也是只有一次，平时考得再好也没用啊。其实也是公平的，心情就好了。"

果果的小脑袋瓜转得还挺快。

听到果果这么说，我觉得特别欣慰，难得有这么好的心态。

我习惯地问道："那如果你是老师，会这么做吗？"

果果说："会，但我会给同学 3 次机会，因为我昨晚也是跳了 3 次才跳这么多。"

"那如果只有一次机会的话，如果同学觉得不公平，你会怎么处理啊？因为毕竟原来的规则是家长签字就有小礼物。"

"哦，妈妈，我会事先说清楚家长签字，还要到学校再测试一次，才能给小礼物。"

"哦，这办法比较人性化啊！"

果果说："既然已经这样了，还能怎么着啊？谁让我没跳到 70 个呢？"

我安慰他说："果果下次加油！咱们换个话题，那些得到礼物的孩子怎么样了呢？"

"很开心呀，拿到礼物，还跟我们炫耀呢！"

"其他没得到礼物的小朋友呢？"

"垂头丧气，不开心呗！"

我问："如果你得到礼物呢？"

"我会很庆幸的，但以后还要努力，不能存有侥幸心理。"

作业 → 跳绳1分钟，70个；家长签字，拿礼物。

合格 → 果果跳了3次，合格，妈妈签字，准备到学校拿礼物。

跟踪作业结果 → 老师安排检查，果果没跳过70个，没拿到礼物。

梳理情绪

引导孩子换位思考

你拿到礼物，会怎样想？　你是老师，怎么办？　每人允许跳3次，更公平；联想考试，也理解老师

不信任　缺乏诚信

质疑

培养孩子自我调节能力

果妈说：

从小培养孩子的自我调节能力至关重要。

人生活在社会中，不可能社会上的一切都向你倾斜，好运也不

可能永远拥抱你。家长没有办法掌控孩子生活的环境、接触的人和面对的事。因此，最好的办法是培养孩子的自我调节能力。

像跳绳这样的事情，对大人来说，觉得没什么大不了的。但是对于孩子，要是处理不好，会给孩子的心理造成以下影响：

第一，不信任。觉得老师不信任我，不相信自己在家里跳绳的结果。

第二，缺乏诚信。老师说话不算话，说好家长签字确认回来就给礼物的，但没有给。

第三，质疑。按照老师昨天的要求我已经做到了，但是今天要求又变了。如果这样的话，我是不是以后也可以随便破坏规则？

为什么有些孩子会有心理疾病或性格缺陷？就是因为平时的一点点小事儿没有及时得到排解，慢慢累积而成。像跳绳这件事，心思敏感细腻的孩子，可能就会因此很郁闷，认为自己没有得到应该得到的礼物。这个时候如果父母没有用心，关心不到，可能对孩子伤害就很大，会让孩子觉得不公平、委屈，无法释怀，甚至怀疑一切。成长无小事，父母一定要细心观察孩子的表现，及时发现问题，做好疏导。

其实果果在跟我说这事儿的时候，他也在不断地调整自己，试着说服自己接受、理解。目前的环境下，有许多时候，家长也是无能为力的，但是我们唯一能做到的，就是多用点心，多和孩子沟通，学会倾听，引导孩子学会理性思考，培养孩子的自我调节能力，让孩子自己去调整，解决出现的情绪和问题。

生活在世界上的每一个人，都要与这个世界"打交道"。每天会面对很多开心的、不开心的事情。其实事情本身无所谓对错，孩子的心理阳光、健康，比什么都重要。

果果4岁左右时，我带着果果坐火车回姥姥家。这是果果第一次坐火车，小家伙很兴奋。在卧铺车厢，果果玩得不亦乐乎，从下铺爬到中铺，爬上来爬下去。后来他想从中铺往上铺爬。就见他使劲把脚往上够，因为人小，试了好几次，也爬不上去。后来果果就坐在中铺，呆呆地自己在那儿琢磨。看到这儿，我知道果果遇到困难了，就对果果说：

"你能从下铺很轻松地爬到中铺，那么你把上铺当中铺，把中铺当下铺，再爬一下试试。"

果果一想也对，自己能从下铺爬到中铺，当然也能从中铺爬到上铺了。然后他又开始使劲儿爬，还是没爬上去（其实从设计上，我们知道从下铺往中铺爬容易些，从中铺往上铺爬确实要难一些）。

爬了半天没爬上去，果果安慰我说："没关系，妈妈，我现在要从上铺下来喽！"

我说："你还没爬上去呢，怎么下来呀？"

他说："我把中铺当上铺，下铺当中铺啊。妈妈你看，我要从上铺下来喽！"

同样一件事，引导孩子从不同角度看问题，得到的答案不一样，心情和心态也会大不同。家长要善于启发、鼓励孩子，长期坚持，就会帮他们形成一种健康良好的自我调节习惯。

亲子关键词 ❋

自我调节

自我调节（self-regulation）是个体认知发展从不平衡到平衡状态的一种动力机制。它包括三个基本过程：自我观察、自我判断和自我反应。

自我调节的方法有：意识调节、语言调节、注意转移、行动转移、释放法、自我控制等。

家长要做的就是，让孩子通过日常生活中遇到的事情，来体察自己的情绪，当感受到愤怒、不平或者烦躁不安时，学会用自己喜欢的方式或者办法来调节。可以是倾诉，讲给父母听；可以是写日记，记录下自己的心情……帮助孩子找到一个好的办法，来宣泄、平衡情绪。

7. 圆规的故事
——有接受才有分享

家长都会教导孩子，不能拿别人给的东西，但是有时候……

有一次，果果拿了一个新圆规回来了，果爸发现了，就问是怎么回事。果果说是很早以前，同学弄坏了他的圆规，今天买了个新的还给他的。

果果告诉爸爸："当时我跟他说了，因为是好朋友，我就不要了，但是他坚决要给我，所以就带回来了。"

于是果爸说："得还给人家，不能要人家的东西。"

果果很矛盾，不知道该还给同学还是不给。看见儿子很纠结的样子，我笑着说：

"果果，换作是你把朋友的圆规弄坏了，你会怎么做？"

"我一定会买一个还给他。"果果很坚定地说。

"那你还的时候，是希望他拿还是不拿？"

果果说："我肯定希望他拿，这是我的心意。"

我说："那现在他还给你，你是接受还是不接受？"

果爸在一旁听我这么说，又赶忙说："不能拿别人的东西。"

我解释说这是另外一个概念："拿别人的东西跟别人还你的东西是有很大区别的。"

果爸觉得有道理，态度就转变了："这样吧，果果，你明天还给人家，他要是不要，你就收着。"

第二天早晨，上学的路上，我问果果：

"那你今天打算怎么处理呀？"

他说："我就还给他，说我们是好朋友，我不要你这个圆规。我爸爸妈妈已经给我买了。"

后来，果果到学校还给同学的时候，对方坚决不收，果果最后还是收下了这个圆规。其实成年人的问题跟小孩子的问题是一样的，关键看你能否站在别人的角度考虑问题。当孩子不知道哪个选择是对的，给孩子换一个角度，他就能知道问题的答案了。

像发生在孩子身上的圆规事件，果爸认为应该还回去，不能拿别人的东西，弄坏了再买一个就行。可是，这样的做法，相对简单，却没有考虑到培养孩子的赔偿意识。同时，也会让果果觉得，即使弄坏了别人的东西也无所谓，以后他就不会在意别人的感受，不知道损坏别人的东西需要赔偿。所以，家长怎样引导孩子是非常重要的。

还有一次，果果回家跟我说："妈妈，明天是分享日，老师要小朋友都要跟大家分享。"

我说："好啊。那你就分享好了。"

果果说："你觉得我分享什么好呢？"

我说："只要是你拥有的，你就可以分享。"

果果说："我的玩具、我的小零食、我的书，都可以带到学校跟小朋友分享。"

我说："很好啊，不过除了这些，还有别的可以分享的吗？"

果果说："哦，我还有爸爸、妈妈、姥姥、姥爷……可是这些没法分享啊！"

我乐了，说："再想想，你还有什么？除了这些。"

果果在房间里到处找，高兴地说："还有足球、篮球、琴，我还可以给他们表演绝技——拍球、拉琴。太好了！"

我接着又问："刚才提到书，你的书带到学校跟小朋友分享，如果小朋友都喜欢，你准备怎么办？"

果果说："谁先说的，就先给谁？"

我说："给一个人？"

果果想了想，说："对，只给一个人看。"

我问："能不能想个办法，能让大家都能看到？"

果果说："可以多买几本。"

我说："嗯，再想想，还有什么办法，能让每个小朋友都看到呢？"

果果无奈地说："只能我给大家讲了。"

我说："讲，很好啊，每个人都能听到。看来你不仅可以分享食物、玩具、表演，还可以分享智慧啊！"

果果觉得很好玩，能分享的东西真多。第二天，果果选择了分享智慧，他给同学们讲了自己读书的快乐和体会。因为他独特的分享，受到了老师的表扬，果果很开心。

果果拿回新圆规

爸爸说不能要

果果矛盾，同学还他的　　妈妈引导

若你弄坏同学圆规，怎么办？

还给对方一个

我解释：拿别人东西和别人还回来的东西有区别

最后收了圆规

分享

妈妈：只要你有的，都可以分享

有爸妈、玩具、零食、书、足球、琴等

怎么能让每个小朋友都看到？

果果选择分享读书的快乐，受到老师表扬

施是一种爱，

受也是一种美德

我们都知道"施"是给予、是分享。分享很重要，家长可以培养孩子分享食物、玩具、思想的习惯，让孩子在分享中成长、快乐。给予是一种美德，"予人玫瑰，手有余香"，但有时候接受也是一种美德。接受别人的歉意，接受别人的补偿，会成全对方，让对方更心安，心理上也更平衡。施是一种爱，受也是一种美德。家长要教会孩子学会给予和接受。

但接受时，要有原则：首先，要告诉孩子无功不受禄，不无缘无故地接受别人的东西；即使是自己喜欢的东西，也不能私自接受。其次，要告诉孩子，如果别人非要送自己东西，尤其是贵重的物品，一定要告知家长，以免产生不必要的纠纷和麻烦。

亲子关键词

让孩子成为"加黎利海"

在巴勒斯坦境内，有两个非常有名的湖泊，它们的水源都来自叙利亚的赫尔蒙山，更为巧合的是，这两个湖都以"海"命名，其中一个叫"死海"，另一个则是"加黎利海"。

死海只有入口而没有任何出口，水流入之后，水就被完全封锁在死海里。所有的污水或废水都汇聚到了这里，渐渐地，它成了没人愿意亲近的"死海"，四周贫瘠，人迹罕至。它的湖水也因为长期停滞，有一种怪味道，不仅人们无法饮用、鱼儿无法生存，甚至连用来给农作物灌溉都不行！

加黎利海和死海不一样，它有入口也有出口，湖中共有八个小出口分别流向不同区域的村庄和田园。加黎利海的水在不断地流动中获得了丰富的氧气，为鱼儿们创造出了舒适的生存空间，四周也全是绿意盎然的田园，更为湖泊增添了无限的生命活力。

同样的水源，为什么"死海"如此贫瘠，而"加黎利海"却如此美丽和富有生机？那是因为这两个湖的性格完全不同！死海只入不出，而加黎利海则无比大度，不仅懂得"接受"，更懂得"付出"。能得亦能舍，有舍更有得！

这个故事，大家在很多地方都能看到，它曾出现在孩子的课本上、试卷上。我们可以多多利用孩子知道的这些常识，告诉他们背后的道理，相信孩子们会更容易理解和接受。

8. 原子弹PK小刀

——有质疑才有主见

当孩子对一个问题产生困惑时，家长应该怎么办？

摆事实、讲道理？

直接给答案，让孩子听自己的？

让孩子自我消化？

果妈是怎么做的呢？

一天回家，果果跟我分享了一件事儿：

他们在学校上心理课时，老师讲了一位科学家——爱因斯坦的励志故事。老师讲完后，就问同学们从这位科学家的事迹中学到了什么。同学们都说这个科学家很伟大，只有果果告诉老师说："我认为这位科学家一点也不伟大，而且还应该受到惩罚。"

老师颇感新鲜，就问果果："为什么要这么说呢？你的理由是什么呢？"

果果说："您刚才讲了，原子弹是在他提出的科学理论基础上研制成功的，但原子弹却使日本广岛、长崎遭受轰击，让当地人受苦受难。这是非常不好的行为，根本谈不上伟大，所以应该受到惩罚。"

老师边听边点头，表扬果果有自己的想法很好，但也告诉他那并不是爱因斯坦的错。刚巧，说到这里下课铃声就响了，老师就结束了这个问题，宣布下课。果果却还沉浸在刚才的问题里，还是想不明白：怎么就不是爱因斯坦的错呢？是他引起的，当然怪他了。于是果果就把没懂的问题带回了家。

听了他的疑问，我顺势问他："妈妈天天给你削苹果，拿什么削的呢？"

"小刀啊！"

我说："削苹果的时候你觉得刀是好的还是不好的？"

他说："好的呀，能把果皮削干净。"

我紧接着追问："那如果有人拿刀杀人呢？"

"那不好，杀人了肯定不好啊！"

果果好像更加迷惑了，又好像明白了点什么。

"同样是刀，刀没变，为什么削苹果的时候是好的，杀人就不好了呢？"

果果好像一下子被点醒，肯定地说："是因为使用刀的人不好。"

我接着说："真棒！刀是生活中的一种工具，只是因为使用的人做的事情不同，所以结果就不同。同样道理，核武器、原子弹这些，也是工具。工具没有好坏之分，只有使用工具的人才有好坏之分，要看使用工具的人拿这个工具去干什么事。"

果果很快就明白了："科学家发明创造是伟大的，爱因斯坦提出的科学理论不仅能制造原子弹，还可以有其他用处，而且原子弹也可以有其他的作用，不仅仅是毁灭城市伤害人。"

听到果果能认识到这一步，我很高兴，鼓励他说："科学技术的发展饱含了一代代科学家的智慧和心血。因此，才推动了社会的发展和进步。但是，科学技术是一把双刃剑，我们要用好的一面，为人们的生活、工作、学习而服务，但也要抑制不好的一面，防止被坏人利用做坏事。"

这番话一下子打开了果果内心的纠结，他高兴地总结着："斧子能砍树，斧子也能砍人，我们不能说鲁班发明斧子有问题。妈妈，我明白了。主要还在于使用的人是怎么样的。不好的东西，好人用了，也会变好；好的东西，坏人用了，也会变坏。"

"对，所以做人是核心。一定要做好人，要做对社会有用的人，不能做危害社会的人。"果果点点头。

我接着问他，今天的课上，你还收获了什么？果果听到我问他，就又高兴地把自己从老师那里听到的、关于爱因斯坦其他的小故事讲给我听。他讲得滔滔不绝，我听得津津有味。看来今天的内容，他都消化理解了。

再说一个果果平日里的小趣事。

一次，我检查果果作业，发现果果在写世界的"世"字的时候，最后一笔写成竖折提了，而不是竖折。我告诉果果不是这样的，姥姥也以 36 年的教学经验告诉他正确的写法。但果果坚持他写的是对的，还翻起字典要证明自己是对的。查过后才发现，他写的确实是错的，这才改正过来。在汉字正确书写方面，比起妈妈和姥姥，他更相信字典。

还有一次上学路上，我跟果果曾经讨论过一个故事：美国总统布什在伊拉克出席记者会遭扔鞋袭击，布什弯腰躲过了袭击。

我问果果："假如你是布什，遇到这种情况，应该怎么办呢？"

果果不假思索地回答："我会说，就算讲得不好，你们也要尊重人呀，怎么能扔鞋子呢？"

我听完告诉他，当时布什是这么跟现场记者说的："我发现这是一双十号（美国当地尺码）的男鞋。"

果果很意外，说："还可以这么说啊？那我也会说'Oh, made in china'。"

引子	伟大的科学家爱因斯坦的理论基础研制出原子弹。
果果观点	科学家研制出的这些武器给人民带来灾难，称不上伟大。
纠结	这些科学研究很重要，但给人民带来灾难。

心理课上
励志故事

妈妈引导，触类旁通
刀削苹果，好！
刀也可以杀人，不好！

果果自己总结

用斧子砍树；砍人，不能说明斧子好不好。

不好的东西，好人用了，也会变好。

好的东西，坏人用了，也会变坏。

工具无好坏，但用工具的人有好坏。

批判、
质疑、
不盲从

检查作业

"世"写成 世

妈妈和姥姥都说写错了

果果坚持他写的是对的。

查字典求证才改正，

他认为字典更权威。

某总统演讲，
有人不赞同他，
朝他扔鞋子。

妈妈启发

假如你是总统，
怎么办？

当时总统说：
这鞋是十号的。

果果：
就算讲得不好，
也要尊重人，
怎能扔鞋子？

果果意外，转变思路。
果果会说
"Oh，made in china。"

果妈说：

不盲从，不迷信，有主见，是一个人创造力的根本。

我们都同意，孩子从小要有主见，但怎么样从小培养孩子的独立思考能力和判断能力，上面的故事是发生在我们家的具体例子，相信每位家长也都会有自己的心得。

记得一个从国外留学回来的朋友说过，去国外读书首先感受到的最大不同就是，一到开学发课本，一般都是每门课发好几本课本。刚开始以为发错了，国内上学都是发一本书，学了就行了。朋友就去问老师，老师说每本教材只代表作者或编者自己的观点，发的书都是给学生作参照的，学生要想学好，就需要就每一个知识点，看看不同的作者怎么说，同时还要去网上搜一搜，看看最新的观点是什么，最后思考形成自己的观点，这才是学会了。

这是西方思维和东方思维根本性的差异。有自己的观点，是创造力的根本，没有自己的观点，创造力根本无从谈起。在西方，有自己的主见是从小要养成的一种习惯；而在咱们东方，不管是父母还是老师，对孩子说得最多的就是"听话"，没有培养孩子自我思考和表达自己观点的习惯。当然，随着时代的发展，现在已经改善很多了，不过身边还是有很多活生生的例子启示我们：孩子的独立思考能力和创造力在不知不觉中被家长"抹杀"了。

保留孩子天生的创造力，我们需要做的是，当我们的孩子提出自己的见解时，无论想法多么幼稚，首先我们应该庆幸，孩子能有自己的想法，并且敢于表达出来，这是值得高兴和肯定的事。其次，需要我们做的就是：鼓励、支持，并且引导。家长应鼓励孩子勇于质疑，敢于否定前人，不盲目迷信权威。勇于提出问题是一种可贵的探索求知精神，也是创造力的萌芽。最后不能做的就是嘲笑和批评，这是孩子独立思考能力和创造力的两大基本杀手。

孩子之所以是孩子，是因为他们有犯错的权利。孩子犯小错误不可怕，可怕的是大人从小就不给孩子犯错的机会。

我国著名地质学家李四光充分肯定质疑在科学创新中的重要作用。他曾说："不怀疑不能见真理，所以我希望大家都应当取一种怀疑的态度，不要被已成的学说压倒。"对已有的学说和权威的、流行的解释，不是简单地接受与信奉，而是持批判和怀疑的态度，由质疑进而求异，才能另辟蹊径，突破传统观念，大胆创立新说。

亲子关键词

主见

个体对事物的确定的意见或见解。

要培养有主见的孩子，家长要做到：

1. 尊重孩子的意愿，鼓励孩子自己做主

许多家长习惯于事事为孩子做出决定，而较少征求孩子的意见；一旦孩子不遵从，就大加责备。这样做扼杀了孩子的自主思考，没有自己的主见，遇事盲从。家长在任何时候都要尊重孩子，做到和孩子平等相处，注意让孩子充分表达自己的意愿，给他自主的机会。

2. 用启发式的话语代替命令

孩子有疑问的时候，家长尽量选择用启发式的语言来回答孩子，

引导孩子独立思考，得到答案。如果家长好用权威、命令式的语言，孩子必然会迷信权威，屈从于群体力量，没有自我，不敢表达自己的想法和意见。

3.尽量让孩子自己做选择

培养孩子的主见，不是任由孩子一意孤行，父母应该为不断穿行人生十字路口的孩子，提出不同的建议，并认真分析每个建议的利弊，可能的影响和结果。让孩子自己判断、做出选择，这对培养孩子的主见起着至关重要的作用。

好品格与好习惯

在正确的世界观和价值观的指引下，孩子也需要养成好的日常行为习惯以及品格。

世界观和价值观是看不见的，我们所能看见的，是孩子表现出来的日常行为和习惯。

行为和习惯的背后往往有着孩子对这个世界的意见和看法。真正地了解孩子的想法，才可能知道症结所在，单纯简单粗暴的做法可能适得其反。

这一切，都要以父母对孩子的尊重为基础。对孩子有了尊重，才可能去了解，才可能恰当地帮助孩子养成良好的行为习惯，形成良好的品格。

同时，还有重要的一点需要记住，孩子都是以我们为榜样的。有什么样的父母，就有什么样的孩子。

9. 小小"公德监督员"

——有好方法才有好品质

随地吐痰，乱扔垃圾，采摘、践踏花草，乱涂乱画……

我们都会教育自己的孩子不去做这些不文明的事，但如果看到别人在做这些事的时候，应该怎么办呢？

一天，我带五岁的果果去公园玩儿，忽然从旁边的草坪里传来一阵笑声。

顺着声音看过去，发现一个和果果差不多大的孩子在草坪里玩得正高兴，而他的旁边就立着"请勿践踏"的提示牌。

果果指着"请勿践踏"的提示牌，跑过去拉那个男孩儿出来，但小男孩儿根本不理他。

那个孩子比他大一些，胖乎乎的，很壮实，果果又拉又扯，又说又劝，都没有效果。

他又跑去跟小孩儿的妈妈说："阿姨，您不能让他在这里面玩儿，这块牌子上写着不能踩草坪。"

孩子的妈妈好奇地看了看果果，说："他不听我的，要不你劝劝他？"

果果无奈地回来寻求我的帮助，我鼓励他想想有没有其他办法。

突然儿子眼睛一亮，说："有了。"

他拿出了自己最新的一辆玩具车朝小男孩儿走去。

"你看，这是我的玩具消防车，这上面的门都可以开，灯也可以亮，如果灌了水，还能从这些水管里洒出来，只要你从草坪里出来，咱俩就可以一起玩儿。"

孩子都是单纯的，喜欢玩具是孩子的天性。

男孩儿立刻就答应了。

事后我问果果怎么想到这条妙计的。

儿子说："我当时是这样想的，如果我是那个小孩，别人说什么或做什么，我会愿意出来，我的小车这么好，他肯定想玩儿，就这么简单。"

噢，真不简单，儿子会设身处地、换位思考地去想问题。想到这，我接着说：

"那如果是小妹妹、小女孩呢？"

"那我就找洋娃娃给她玩。"

"但你没有洋娃娃呀，怎么办呢？"

果果想了想："那我就夸她漂亮，在草坪上玩就不漂亮，能够从草坪里走出来就漂亮了。"

"噢，我儿子真有办法。真棒！妈妈告诉你，你的这种办法叫转移注意力法。你知道什么叫转移注意力吗？"

果果说："转移注意力就是不做这件事，换做另一个事情。"

我说："是的。"

这么深奥的心理学名词"转移注意力"，儿子结合情景，一下子就理解了，而且当天晚上就用上了。

晚饭后，我在电脑上看培训课程，平时没习惯用耳机，所以声音很响。

果果正在和爸爸看书，果爸不耐烦地对我说："你电脑声音太大了，赶紧把声音关掉。"

我拒绝了。

这时，果果给爸爸使了个眼色说："爸爸你等会儿，看我的。"

他就向我走了过来，撒娇着说："妈妈你过来，咱俩一起玩藏猫猫吧！"

我说："我正学习呢，不去，你找爸爸去吧！"

一计不成，他眨巴着眼睛，又说："要不，我们一起吃苹果吧！"

他知道我喜欢吃苹果，我还是坚持说不去。

他接着说:"妈妈,咱们在沙发上躺一会儿,聊会儿天呗?"

我一看这情形,知道儿子在用他白天学到的方法,再三想办法转移我的注意力,我就配合地说:"行吧!"

看到我走出书房,他特别高兴,对着爸爸做了个"耶"的手势,立马把门锁上,把我电脑设成静音,然后爷俩在书房里大笑。

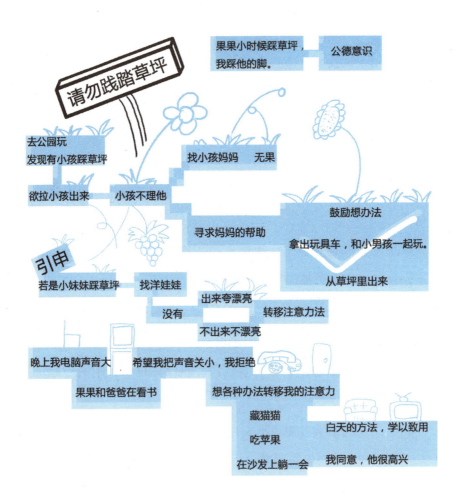

在日常生活中，我们经常教育孩子遵守交通规则、敬老爱幼、不随地吐痰、不乱扔果皮杂物、不损坏公物，以此来培养孩子的社会公德意识。久而久之，孩子就知道哪些是文明的行为，哪些是不文明的行为。在社会公德意识的教育问题上，父母是孩子的镜子，也是榜样。

但要把这些教育理念有效传递给孩子，有什么高效的方法呢？

果果小的时候，带他出去玩，他喜欢走马路牙子，一不小心踩到了小草，我说："你踩到小草了。"他一听我说他，又调皮地补踩了一脚。我看到这样，二话没说，就有意识地"狠狠地"踩了他一脚。他"哇"的一声就哭了，我说："踩你是不是很疼啊？"他说："嗯。"我说："那你觉得小草会不会疼？"他说："哦，小草也会疼。"我说："那这样吧，我给你吹一吹。"我蹲下来，轻轻地给他揉一揉被踩的脚丫，吹一吹，问他："还疼吗？"他说："不疼了。"然后，他也蹲下来给小草吹一吹。我说："小草在路边，多漂亮啊！绿油油的，多美啊！你踩了一脚，就不美观了，以后还踩吗？"他说："不会踩了。"

这个生活中的"小浪花"，其实就是妈妈对孩子公德意识的传递和培养。

果果小时候觉得踩草坪好玩，在引导下才意识到应该爱护花草，遵守社会公德。所以，当遇到别的小朋友踩草坪的时候，才会自己想办法说服小朋友从草坪出来，这个行为就是社会公德意识的延续和传递。

你怎样对待孩子，孩子就会怎样对待别人、对待发生的事情。当孩子习得了正确的处理问题的方法，在遇到问题时，就会自己想办法解决。

比如，果果在我身上实践转移注意力的方法时，哪怕我知道他是有预谋的，也要巧妙地给他一个机会，让他敢于尝试，并且知道这样做是可以成功的。这个方法他现在用得很熟练了，有时候我胃疼，他总会跟我说："你不要想你胃疼，越想越疼，你可以干点别的，或者想点别的就不疼了。"所以，孩子出现问题时，家长首先应该反省自己每次面对和处理问题的方式、方法。

这就是家庭教育的影响力！

亲子关键词

转移注意力法

这是一种心理学上的调节方法。在正常情况下，注意力使我们的心理活动朝向某一事物，有选择地接受某些信息，而抑制其他活动和其他信息，并集中全部的心理能量用于所指向的事物。将对一件事情的注意力转移到另外一件事情上。

10. 大苹果上的"爱心牙印"
——孩子的成长需要"浪费"

孩子也有好心办坏事的时候，比如想帮着妈妈洗碗，结果把碗打碎了；想帮妈妈搅鸡蛋，结果鸡蛋撒得满地都是……

看到孩子的"杰作"，应该怎么做呢？

满桌都是被果果啃了一口的苹果，果妈如何将一个"事件"变成了一个教育案例？

那是果果四岁半时，有一天我下班回到家，一进客厅，就看到桌子上摆着一堆苹果。走近一看，每个苹果上都有一个小牙印，跟小老鼠啃的一样，一看就是小孩儿啃的。看着满桌被咬过的苹果，心想：难道儿子又调皮了？心里有气，但转念一想，决定先问一问，也许孩子有他的道理。

我把果果喊了过来，摸着他的小胳膊，蹲坐在他身边，问：

"苹果是谁啃的呀？"

他一脸得意地看着我，拍着胸脯，骄傲地说："我，我啃的，都是果果啃的。"

"你啃这么多苹果干什么呢？"

"我想挑个最甜的。"

"噢，挑最甜的干什么呢？"我非常好奇地笑着问。

"姥姥让我帮她挑个最甜的苹果，我就每个都啃了一口，然后把最甜的给她了。"听到这里，我哭笑不得，原来啃了这么多苹果，就是为了找一个最甜的给姥姥。我不禁松了口气，原来果果是因为这个原因才啃的苹果。

我说："果果真棒，那你也帮妈妈挑一个甜苹果，好吗？"

"好！"

果果拿起苹果，从头到尾又啃了一遍。

我坐在旁边，等着他啃完。接着，我又让他分别给爸爸、姥爷各选一个最甜的苹果，前后挑选出了三个"甜"苹果。

"果果真棒。啃了这么多苹果，累吗？"我关心地问。

"恩，有点。"

"那我们想想，除了用嘴尝之外，还有什么办法能挑出甜苹果？"

说着，我把果果领到了镜子前，果果睁大眼睛，看着镜子中的自己。

我说"你除了嘴巴、还有什么其他器官啊？"

果果："鼻子、耳朵、眼睛。"他一边扮着鬼脸，一边朝镜子中的自己坏笑。我看着可爱的果果，追问："那么，用鼻子能挑出甜苹果吗？"

果果用小鼻子在苹果上嗅了嗅，一脸的失望，小手连连摆动，说闻不出甜味来。这下把我也逗乐了：

"鼻子能闻出什么呢？"

果果说："鼻子只能闻出香臭。"

我说："哦，那鼻子只负责跟气味有关的。"

"那用耳朵呢？"我接着引导。

果果就把大苹果放在耳朵边听了听，说："听不出来哪个是甜苹果。"

我说："那耳朵能听出来什么呀？"

"脆不脆。"

说完他拿起一个苹果，咬了大大的一口。

"什么声音啊？这是什么声音？"

我假装四处寻找。

"哈哈，是我咬苹果发出的声音啊！我喜欢吃脆苹果。"

果果边说边换了一个苹果狠狠地咬了一口：

"嗯，这个苹果就不脆，声音不大。"

看他感兴趣，我说："鼻子、耳朵都不行，眼睛能不能挑出甜苹果啊？"

果果说："我试一下。"

果果挑了一个大的，一咬是酸的，皱着眉说："眼睛不好用。"

我问他："你用眼睛是怎么选的呀？"

果果说："我选大的。结果一咬不甜。"

我又问："大的不甜，什么样的苹果甜呢？"

果果一听，高兴了，说："看看我挑的甜苹果就知道了。"

于是开始了"找不同"的游戏。果果把他通过"啃"挑出来的甜苹果放在一起，比较来比较去，发现甜苹果都是颜色红一点、带条纹的、苹果蒂粗一些的、有点裂纹的。

我说："明白了，原来除了嘴巴，眼睛也可以挑苹果。"

为了进一步调动果果的各种感觉系统，我又跟果果说："咱俩玩个摸苹果的游戏吧！"

于是让果果把苹果摸个遍。

妈妈："果果，摸完了你有什么发现吗？"

果果："有的苹果皮很滑，有的苹果皮上有小疙瘩。"

妈妈："哦，那你看一下，你挑选的甜苹果和那些不是很甜的苹果，摸起来感觉一样吗？"果果摸了摸说："有点不一样。甜苹果皮不是很光滑。"

我说："那你根据你的经验，给妈妈摸一个甜苹果好不好？"

果果很开心地给我摸了一个，但他很快就说："我还是要咬一口才能确认。"

"哈哈，真的很甜。"我开心地笑起来。

我很为果果的概括归纳能力高兴。

接着我说："凭感觉，你帮妈妈挑一个苹果，不用嘴，不用眼睛，不用手，就是感觉。"

果果很快就挑了一个，一啃，还真甜。于是开心地跟我炫耀：

"我的感觉真对！哈哈。"

我问他："你知道怎么挑甜苹果了吗？"

果果说："知道了。可以用嘴巴，也可以用眼睛，还可以用手，还可以用感觉。不过，妈妈，我觉得用嘴巴还是最有用的。"

"哦？那要是一堆梨呢？也让你挑出最甜的。"

"妈妈，我还是要啃一遍才知道哪个是甜的，哪个是不甜的。"

果果很自信地坚持着自己的看法。

"果果说得真好，尝过就知道酸甜，吃过才明白该用嘴尝的时候，光用眼睛看是不行的。就好比咱们用手干活的时候，眼睛的作用就要弱一点；动笔的时候，你只用眼睛也是不对的；动嘴的时候必须用嘴，你用眼睛或手肯定也是不对的。是不是？"

"嗯，苹果啃了才知道甜不甜。"果果若有所思地说。

看着满桌啃过的苹果，我依然很高兴，因为果果学会了思考问题。后来我带他下楼，跟小朋友玩的时候，果果就"现学现卖"了，跟小朋友讲怎么样才能挑出最甜的苹果。

清晰的思维，流畅的表达，活脱脱的一个小大人！

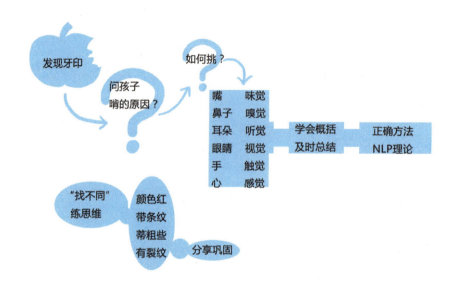

果妈说：

运用各种感官，全方位去感觉。

感觉是心智和理性的起源，同时又是心智和理性的归宿，孩子心智发展的目的正是让感觉更敏锐、更丰富。无论发生什么事情，都要站在孩子的角度去想问题。启发、引导孩子调动自己的所有感官去感觉，耐心、细致地引导孩子自己去总结、去提炼、去概括。

当孩子犯了一些家长眼中的"错误"时，我建议注意以下几点：

1.保持冷静，先不要一看到表象，就责备孩子、质疑孩子。

父母应尽量先把注意力放在孩子行为背后的动机上，多思考一下为什么孩子要这样做。这样，才能明白孩子的动机，正确地进行引导，将"事件"变成一个成功的教育契机。

2.用心跟孩子保持良好的沟通，让孩子感受到自由、平等、被尊重。

我们不能总站在自己的角度看问题，眼睛只盯着孩子做错的事情，以己之心去揣测、定义孩子，而要换位思考，站在孩子的角度，考虑一下孩子为什么这么做，否则很容易误会孩子的意图。试想一下，如果我一上来就责备果果啃苹果这件事，那他的爱心就被打击了，以后他还会愿意怀着真诚的爱意，帮别人做事情吗？

在孩子的成长过程中，家长不应该总是高高在上，要尽可能蹲下来与孩子沟通。蹲下来不仅仅是一个动作，而是向孩子表明，妈妈在和你进行平等的沟通。只有良好的、互动的交流，才能让我们更了解孩子的内心感受。跟孩子做朋友，未来孩子遇到问题时才会把家长当作朋友一样地来倾诉，或寻求帮助。

和孩子沟通过程中，不要害怕浪费时间和成本，即使孩子做的一些事情在我们看来是浪费时间，是无益的，比如当孩子发呆时，看似什么事情也没做，但对孩子来说可能是一种享受，是跟自己独处的时光。家长只需要静静地陪伴、理解孩子就够了。这也是我们为孩子的成长所必须付出的甜蜜代价，父母要耐心等待孩子的成长、领悟。

3. 书本是平面的，生活才是立体的。

生活中的任何事情，点点滴滴都是引导孩子的好素材。要尽可能地抓住任何的机会，锻炼孩子的感知能力和思维能力。

现在不管是在学校还是在家里，我们都会很注重培养孩子的观察能力。有的家长还会特意买些书或者下载一些"找不同"的游戏，让孩子通过图画、游戏等找不同，以此来锻炼孩子。其实我们完全可以在实实在在的生活中锻炼孩子，调动孩子的所有感官去学习。只要有心，自然界的一草一木都随时可以成为教育的素材，都可以成为孩子认识与观察的对象。孩子只有全神贯注地通过比较、思考后形成判断，才能最终获得辨别能力和观察能力。

我那天做的所有事都是为了让果果知道，身体所有的器官都不会白长。面对一个苹果，他可以用眼睛看红不红；用手去摸，知道是光滑的还是干瘪的；用嘴尝一尝，知道甜不甜；用耳朵去听，注意咬起来的声音脆不脆。通过这样的方法，教孩子学会区分身体的功能，让孩子知道不同的器官有不同的功能，味觉、嗅觉、视觉、听觉、触觉，调动所有的器官去加强对事物的认知。同时也训练了分类、总结、概括、归纳的思维能力。这样孩子认知世界才更全面、立体、丰富。

记得之后的某一天，我们全家到郊外采摘，回家的路上，我问果果：

"今天感觉怎么样？有什么收获呀？"

果果当时就说："我太开心了！我看到大大的桃子；棚子里有

红红的草莓，草莓是甜的，摸起来上面有小颗粒，我喜欢采摘，下次我还要去。"

其实在他叙述的过程中，一篇小作文就诞生了。

亲子关键词 ✿

NLP 理论

心理学名词。

在生活中，人们通常是以视觉、听觉、触觉、嗅觉、味觉五种感觉器官来收集世界上的信息，在 NLP 的理论中称为"表象系统"，也就是人们所说的感官系统。NLP 发现人与外界联系基本分为三种模式，即视觉型（visual）、听觉型（auditory）和触觉型（kinesthetic）。视觉型的人，用"看"来体验世界；听觉型的人，用"听"来体验世界；触觉型的人，用感觉来体验世界。

这个理论给广大家长两点启示：一是要尽量打通孩子的所有感官，全方位地去感知、认识这个世界；二是尽早地发现自己孩子在某种感觉上的特长，呵护并培养。父母是孩子最好的老师，应该细心观察孩子的言行，善于发现孩子的优势，帮助孩子做最好的自己。

感觉发育关键期

心理学名词。

3~6 岁是孩子感觉发育关键期，6 岁以前的感觉训练一定要到位。孩子在这一时期好奇心特别强，对周围的事物高度关注，什么都要摸摸、闻闻、尝尝……

在这一阶段，家长可以有意识地在日常生活中加强对孩子感官的训练，调动孩子的各种感官对事物进行认知。全面开发孩子的感觉器官，有效刺激孩子的大脑发展，促进大脑各个部分的积极活动。通过接收不同的感知信息，让每种感觉都得到充分的发展，并进一步锻炼孩子的分类和归纳概括的能力。

11. 我和马桶有个约定

——单方的规则，不如双方的契约

孩子的成长历程中，要抓住关键期，用心教育，帮助孩子建立规则，树立契约精神。

俗话说：不知者不怪。

相信有男孩的家里都会遇到这样的问题：

孩子比较小时，上厕所经常会尿到马桶坐垫上。遇到这种情况，作为孩子的妈妈应该怎么处理呢？

果果在两三岁的时候，忽然就对自己的大小便特别感兴趣，每次上厕所时间都很长，在马桶旁撒尿玩，转着圈地撒，花样百出。

我发现一次就说一次："果果，你快点出来，上厕所有什么好玩的呀？"

"你不能这样，你看应该这样，走之前把马桶垫抬上去，然后冲水。"

......

果果通常都是"嘿嘿"笑笑就走了。

等他走后,我每次都要费很大劲,反复擦干净马桶圈,把马桶垫卸下洗干净,再换上。果果一点也没意识到自己的行为会给别人带来麻烦。

N次之后,我觉得应该让果果意识到这样做是不对的,让他慢慢改掉这个行为。

这天,果果又尿到了坐垫上。当他走出卫生间后,我装着要去卫生间,故意大声说:

"哎哟!这马桶怎么不能用啦?"

果果在他的房间里回答我说:

"能用啊,我刚才还用过呢!"

"你是怎么用的啊?"

我把果果叫了过来,让他再坐在上面,演示一遍给我看。

"妈妈,我不坐,上面是湿的。"

果果看着我,我顺着他的话说下去:

"是啊!湿了,你感觉不能用了,那别人怎么用啊?"

我看着果果。

他知道是自己尿的，一边挠着头一边不好意思地"嘿嘿"笑了两声。

"你知道坐在上面不舒服，那别人坐在上面，是不是也不舒服呢？"

我声音很平缓地说。

果果点点头，眨着眼睛看着我，一副很无辜的样子，说："妈妈，我不是故意的。"

"我知道果果不是故意的，但是现在这样，大家都没办法上厕所了。咱们来想想办法吧。"

于是我拉着果果一起在马桶边想出了三个方案：

一、上厕所后，家里每个人都要自己翻起马桶坐垫，这样就不会出现这个问题了。

二、分男女厕所。男厕所马桶垫始终翻上去，不用翻下来，就尿不到了。

三、分大小便厕所。大便厕所马桶垫放下，小便马桶垫抬上去。

最后仔细想想，我们俩都觉得第一个方案比较可行，达成一致后，我让果果把果爸也喊过来，三方共同约定。

我起草，果果按小手印，我和他爸爸签字，共同确认了"马桶协议"，郑重地贴到了厕所的墙上。

协议上有一系列的奖惩方案，如果谁违反协议就要受到相应的处罚，比如：如果果果违反了，就一晚上不许玩游戏；如果妈妈违反了，就一晚上不许看电视；如果爸爸违反了，就一晚上不许抽烟。

当然，如果做得好，也有奖励。

协议签完后，果果一直严格遵守。

可是过了两周，我发现他又尿在坐垫上了。

这到底是怎么回事呢？

"妈妈，你看协议没了，就可以尿了。"果果拉着我的手，到了卫生间得意地说。

"原来果果是这么理解协议的。"我心想，看来还是要跟果果解释清楚，于是我说：

"果果，我们签的协议不只是一张纸，纸在不在，协议还是有效的，就像妈妈答应你的事，就算没有写在纸上，没有签字，只要是我们说好的，妈妈也一样会去做。所以果果也要这样，约定好的就要算数。协议写在纸上，约定印在心里。"

"这样啊，那果果以后还是自己翻马桶盖，今晚就罚我不玩游戏了吧。"

果果真的理解了，自愿自觉地接受"处罚"，在那一刻，我为果果懂得了协议的真谛，打心眼里感到高兴。

这件事后，果果特别喜欢订"协议"，从家里的家务生活，到学校里与同学相处交流，因为他知道约定好的事情大家都会说话算话。

果果把在家里学到的签订协议、明确规则、合约意识等，还应用到学校里。

他经常带书到学校，把书借给爱读书的同学，但也因此发生了很多小插曲：

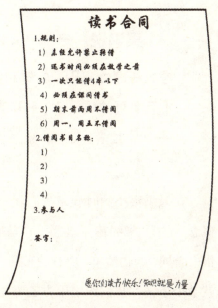

有借书上课时间看，被老师没收了的；有不按时归还的，有借出后就没影儿了的，有损坏弄破，不成样子的……

于是，果果就开始思考，决定制订一个"读书合同"，来规范管理这件事。具体的条款包括：阅读书目，参与人是谁，什么时间能借，一次能借几本，

读书合同

1. 规则：
   1）未经允许禁止转借
   2）还书时间必须在放学之前
   3）一次只能借4本以下
   4）必须在课间借书
   5）期末前两周不借阅
   6）周一、周五不借阅
2. 借阅书目名称：
   1）
   2）
   3）
   4）
3. 参与人

签字：

愿你们读书快乐！知识就是力量

什么时间归还，等等。有意思的是，他还在条约的最后写上了"愿你们读书快乐，知识就是力量"。在借书的过程中，不断有新状况出现，我们会鼓励果果参与调整合同内容，增加新的条款，不断优化合同，这个读书合同充分体现了果果的规则意识和契约精神。

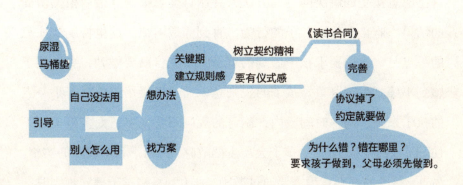

果妈说：

给孩子建立规则，应做到"五千万"：一、千万要协商，二、千万要可执行，三、千万要有仪式，四、千万要有奖惩，五、千万要检查。

在果果很小的时候，我们就开始培养他的规则意识和对合同的概念，养成"契约精神"。除了"马桶约定"，在我们家还有学习合同、借书合同、购物清单，所有的东西，都是有合同范本，有规则可循的。就某个事情，我们约定甲方乙方是谁，约定细则，最后双方签字。所有这些约定和规则的制订，果果都会参与其中，而且他会在制订合同的过程中，不断优化细则。

所以，当孩子犯错的时候，我们不仅要告诉他错了，还要告诉他为什么错了，错在哪里了。然后，和孩子平等协商，引导他找到自己愿意接受的解决问题的方法，并制订奖惩措施。最后根据协商的结果，监督和约束孩子的行为，直到养成习惯。这里特别要注意的一点是，我们要求孩子做到的事情，首先自己要做到，要让孩子感到平等，受到尊重。孩子的规则意识需要慢慢培养，对于小一点的孩子来说，同一时间段内，制订的规则不要太多，太多孩子记不住。同时，因为记不住，孩子会产生挫败感，反而不利于规则的实施。另外，孩子的规则意识需要通过激励来强化，每当孩子遵守规则时，就及时给予表扬和鼓励，让孩子产生成就感。

另外，跟孩子制订规则，签订协议的时候，一定要有"仪式感"。仪式感的本质就是心理学里的"心理暗示"。仪式感之所以具有一种神奇的魔力，就是通过特定的仪式、动作、语言，达到意想中想要的目标。要让孩子意识到，规则的建立，是个严肃的事情。所以，我们家在制订规则，签订合约的过程中，一定要让果果和我们一起拟定，让他按上小手印，并郑重地贴到墙上，给孩子一个心理暗示，在心中确立合约的重要性，养成契约精神。

虽然现在很多父母在教养孩子时都会采用比较民主的方式，给孩子更多选择的自由，但这并不意味着不给孩子制订规则。有规则才会有更好的自由。有规则意识的孩子，未来也才能更好地适应社会。

叶圣陶先生说："什么是教育？简单一句话，就是养成良好习惯。"这说明习惯在人一生中的重要性。当孩子离开学校以后，他所学习的一些具体知识可能忘记了，但他已经形成的良好习惯，会令他受益终生。

亲子关键词

"五千万"

在孩子成长的关键期，不妨从小事入手，培养遵守约定的习惯，这一点看起来难，听起来大，其实只要有方法，实施起来很容易。通过日常生活不经意的"多用心"，能够潜移默化地培养孩子的规则感和契约精神。这一点是现代社会特别需要的基本素质。这种方法就是上面归纳的总结的"五千万"。一、千万要协商，二、千万要可执行，三、千万要有仪式，四、千万要有奖惩，五、千万要检查。

所谓"协商"，就是尊重孩子的想法，达成共识。这个过程绝不能是家长想当然的个人主观臆想，而是要让孩子平等参与，全程参与。如果没有协商，没有孩子的参与，再完美的协议，也只不过是形式。形式的东西是没有生命力的。

所谓"可执行"，就是针对"自家"孩子的"特定"事，能够操作、使用。一般要有时间、地点、要求、标准，能看明白，记得住，知道怎么去做；还要少形容词，多数词、量词、动词；要符合孩子的年龄特点和个性特征。

所谓"有仪式感"，是指签订协议时，形式要完善，态度要端正，气氛要严肃，程序要庄重。给孩子一个感觉：这不是开玩笑，这是动真格的。只有这样，才能在孩子的心目中才留下深刻印象，才能引起孩子的重视。

所谓"要奖惩"，是指协议签订就要落实，说了算，定了干，有奖有罚。这一点说起来容易做起来难，但只要有耐心坚持，逐步推进，效果会特别明显。"奖"到心里，孩子印象深；"惩"到心里，孩子记得牢。

所谓"要检查"，是指协议签订要有督导。孩子不会做你说的，孩子只会做你检查的，你检查什么，孩子做什么。从心理学的角度，孩子良好习惯的养成，先难后易，特别是刚开始时，要摒除原有习惯，形成新的、良好的习惯，有一个内心适应、印象固化的过程。这一环节特别重要。

12. 孩子也能做家务

——有好方法才有好习惯

孩子做家务好处多：提升孩子的动手能力，养成爱整洁的生活习惯，训练有条理的秩序性，培养责任感。

但孩子都是心血来潮，偶尔会做一两次，有可能让孩子养成做家务的习惯吗？

收拾房间

果果和大多数孩子一样，不喜欢收拾房间。

他觉得收拾东西是一件苦差事，果果姥姥和我总是因为房间乱而批评他。每次批评完，果果就意思意思，随便收拾一下，糊弄了事。

一开始，我们觉得果果不会收拾，可能因为年龄太小，毕竟那会儿才5岁，于是一边说一边教。

但是教了很多次以后，发现他还是收拾不好。

我有点看不下去了，下决心要让他养成收拾东西的好习惯。但每当一提到"收拾"两个字，果果就小脸一拉，百般不情愿。

　　于是我不断地调整方法。比如：把他没有按照规定位置放置的玩具扔到垃圾桶里。不管他有多喜欢，玩具有多贵，只要没归位，就扔到垃圾桶里。每次他都是哭着跑到垃圾桶边，找回来，消毒，放回原来的位置，接着过几天再重复；然后，我开始"经济制裁"，罚零花钱；还采用过"断网"的策略，一个月不让他上网玩游戏……但效果总是短暂的，几天之后，同样的事情还是会重复上

演。我知道强迫是没有用的，该是想个更好办法的时候了。

　　一天晚饭后，果果跑到书房来找我："妈妈你忙不忙？陪我玩会儿行吗？"

　　我一听，机会来啦！

　　"好啊，我们玩顶气球吧！"

　　"太好了！"果果高兴地跳了起来，这是他最喜欢的游戏之一。

　　"外面太冷了，我们就在家里玩儿吧，去你房间怎么样？"我问。

　　"不行，我的房间太乱了，踩到东西会摔倒的。"

　　"真可惜，我就想去你房间玩，如果去不成，那我们就不玩儿

了吧？"

我故意装出很无可奈何的样子，做出继续工作的架势。

"妈妈，我想玩儿，要不你等我一会儿，我把房间收拾收拾就可以了。"

果果怕我不答应，扭头就往他的房间跑去。十几分钟后他兴冲冲地跑出来，说："可以开始了。"我走进他的房间一看，果果真是超水平发挥，还真是非常用心收拾的，从来就没这么干净过。

"果果真厉害，能把房间收拾得这么干净。如果以后你的房间都这么干净，那我们以后都在你的房间玩儿。"

果果说："OK。"

我问："怎么才能像今天这么干净呢？"

果果说："勤收拾呗。"

"还有吗？"

果果说："不乱丢东西。"

"不乱丢，你的意思是哪里拿的东西放回到哪里去？"

果果说："是的，这样省时间。"

"还有吗？"

果果说："好好保持。"

"真棒！我喜欢整洁的房间，在干净的房间里玩，心情会很好。你觉得收拾房间难吗？"

果果说："还行。"

"你喜欢跟妈妈做游戏吗？"

果果说："喜欢呀。"

"希望经常跟妈妈一起玩吗？"

果果说："当然啦。"

"你喜欢经常跟妈妈玩，就像我也喜欢干净整洁的房间一样。我能保证只要条件允许，妈妈就陪你玩你喜欢的各种游戏。但妈妈也希望见到一个干净整洁的房间，你觉得你能做到吗？"

果果一听，很爽快地答应了，于是我们拉钩儿确认。在他的房间里开始了顶气球的游戏！

我们玩得不亦乐乎。我看着整洁的房间，心想要是果果的房间以后都是这样干净整洁，那该多好。

做什么事情都要有方法，怎么让孩子变被动为主动，还真是需要花心思。

洗 碗

又一个周末的晚上，果果忽然心血来潮要求洗碗，难得孩子有主动要求做家务的时候，我很开心。

动手洗碗前，果果先是详细地问清了所有步骤，并要求我在旁边指导。我爽快地满口答应下来。果果按照我说的步骤开始洗，不时地跟我确认是否正确，直到一个碗洗完，才让我离开，自己独自把余下的碗都洗了。

我和果爸鼓励了果果，说他碗洗得很干净，为家庭做出了贡献。

果果也很开心。

为了养成好习惯，第二天吃完饭，我提议让果果继续洗碗，果果却一口回绝，坚持说不洗了。

我追问原因，他说："已经会做了，没意思，我不喜欢。"

我说："昨天爸爸妈妈说你洗碗为家庭做了贡献，你不是很高兴吗？"

果果说："是啊，我是很开心啊，但我可以做一些其他的对家庭有贡献的事情，不一定非要洗碗啊！"

我接着说："可是，上次你洗碗洗了很长时间，还不够熟练呢？要不要巩固一下洗碗的技术？"

果果摇摇头，说还是算了。

我说："要不咱俩一起比赛，看谁洗得快？"果果还是不同意。

看来，各种激励都没效果，我便说："你每洗一次碗，给你一块钱。怎么样？"

他想了想，说："我自己零花钱够用。"金钱激励也没成功。

最后没招了，我问他："妈妈平时给你削苹果吃，你觉得妈妈在干嘛？"

果果说："就是给你儿子削水果啊！"

我说："是削水果，但也是妈妈在爱你。家务活不仅仅是一项任务和工作，也是你对家庭的贡献和爱，所以从今天开始，洗碗的工作我们一人一天，三人轮流洗。"果爸举手赞成，果果无奈，同意了。

第一天是我洗碗，在厨房里，我一边唱着歌，一边把厨房收拾得干干净净。

第二天是果爸洗碗，我听到他也哼着小曲，不一会儿就收拾完毕了。

结果轮到果果，他还没开始收拾，我就看到他在厨房里唉声叹气，磨磨蹭蹭，一脸的不乐意。

我就问："果果，妈妈洗碗的时候，是什么样的？"

"唱着歌，很开心。"果果有气无力地说。

"爸爸呢？"

"哼着小曲，也很开心。"果果有点抵触情绪，不高兴地回答我。

"我们洗碗不是因为我们愿意洗碗，而是因为我们在爱这个家，一想到为家人在做贡献，就很开心，果果你是怎么想的呢？"

果果听到这里，想了想说："好吧，妈妈，你给我放点好听的音乐，我可以听着歌洗碗。"

于是，我从他房间拿了MP3，果果一边听着歌曲，一边随着节奏，摇头晃脑地干起活来。

经过不断循环改进，我们家的家庭建设和分工越来越规范化、制度化。轮到果果洗碗的那一天，果果总是会很开心地要么听着歌，要么自己哼着小曲，动作也越来越干净麻利。有时，他洗完碗，还会顺带把操作台也擦洗干净。

收拾房间

现状　不喜欢，觉得是苦差事。批评他，就应付糊弄了事。

契机　选择他喜欢的游戏，坚持到他房间进行。

结果　每次都能收拾得很干净。

生活习惯

赋予责任

洗碗

准备　动手前，讲清步骤，并旁观指导。

现状　不愿再洗，会做了，没兴趣。

措施　各种激励

责任驱动

快乐家务

果妈说：

做家务不仅是一种能力，也是一种责任，更是一种良好的品德。

有些家长不让孩子做家务，一来舍不得让孩子做家务；二来觉得自己很快就干完了，没必要让孩子参与进来；三来孩子是生手，刚开始肯定是这也干不好，那也干不好，家长也懒得让孩子添乱了。久而久之，就不让孩子参与到家务中了。

其实，偶尔做点家务活儿，并不会累着孩子。相反，对于孩子来说，家务活儿可以提升孩子的动手能力，养成爱整洁的生活习惯，可以训练孩子的秩序感，培养责任感。

如何培养孩子持久地、自愿自主地做家务的习惯呢？孩子的天性都是好玩儿的，有意思才愿意主动持久地做下去。但不是每件家务活儿都是有趣的，怎么让孩子积极主动快乐地参与进来，需要家长想些好的方法。这样，孩子在参与家务的过程中，不仅能够体会到父母的辛劳，而且也会觉得自己是家庭的一员，能够为爸爸妈妈分担工作，产生主人翁的自豪感和责任心。这样的孩子走入社会，也会更加有担当，有责任感。

古人云：一屋不扫，何以扫天下？做家务，收拾东西，不仅是一种能力，也是一种责任，更是一种良好的品德。

亲子关键词

激励

管理学术语，是指激发员工的工作动机，也就是说用各种有效的方法去调动员工的积极性和创造性，使员工努力完成组织的任务，实现组织的目标。

激励也是人力资源管理的重要内容，是指激发人的行为的心理过程。基本思路是针对人的需求，来采取相应的管理措施，以激发动机、鼓励行为、形成动力。

　　同样，父母和孩子相处的过程中，也要学会激励孩子，针对不同的情况，选择有效的激励办法，把握好激励的时机和频率，注意激励的程度和导向。父母都会倾向于鼓励和肯定孩子，掌握好正确激励的办法，会有非常好的效果。像促使果果做家务的过程中，我就用了荣誉激励、学习激励、竞争激励、金钱激励等各种激励，都不奏效，最后用责任驱动，找到了孩子内心的激励需求点，才做到了"对症下药"。

13. 抠西瓜籽也遗传

——家长是孩子的"榜样"

　　成长中的孩子，总会有这样或那样的一些不良习惯。当你看到孩子的不良习惯的时候，有没有想过，这些不良习惯却恰恰有可能是我们做父母的造成的。

　　果果吃西瓜时，习惯用手抠瓜籽，这样既不卫生，还把西瓜汁弄得到处都是，收拾起来很麻烦。

　　我和果爸批评了果果很多次，他就是不改。后来有一次，我们一家人在吃西瓜的时候，我又跟果果说不能用手抠西瓜籽，这时候果果姥姥就对我说：

　　"不要说果果了，看看你自己是怎么吃西瓜的。"

听到妈妈这么说，我愣了一下，低头一看，竟然跟果果的做法如出一辙。我当场就呆住了，我怎么从来都不知道自己也是这么吃西瓜的啊。这么多年我真的不知道自己也有用手抠西瓜籽的习惯。我疑惑地问果果姥姥：

"妈，您是从什么时候知道我吃西瓜时也用手抠籽的？"

"你从小就这样。"我妈妈很快就回答道。

"那您怎么从来都不说我，也不管管我呀，我一点儿都不知道。"

"没法说你，你爸爸就这样吃西瓜的，我还怎么说你呀。"妈妈轻描淡写地说道。

"啊，弄了半天原来是家族遗传啊。我爸爸传给我，我传给果果了。"

我又转向果爸，问他："你知道我有这个坏习惯吗？"

果爸说："一直都知道啊！"

"那你怎么不说我，只说果果啊？"

"果果还小，好习惯需要从小培养。你已经这样了，改不改的无所谓了。"

原来这样啊。我总算明白了，小小的习惯，竟然遗传了两代。平日里，还总说孩子，不应该这样，不应该那样，却从来没有反省是不是自己身上出了问题。

咱是行动派，既然已经意识到问题出在哪里，我决定跟果果交流一下，争取一起改掉这个坏习惯。

"果果，边吃西瓜边用手抠籽很不卫生，而且这个动作很不好看，你觉得呢？"

　　果果说："没觉得呀。这样吃西瓜很好啊。"

　　"那你在我对面坐着，我就在这儿一点点地边吃西瓜边用手抠籽，你看看觉得好看吗？"

　　说完，我就示范着这个动作。

　　果果看了看，说："确实不太好看。"

　　"就是，我坐你对面，看见你这样，我也不舒服，要不咱俩一起改掉这个不好的习惯吧？"

　　没想到果果说："你改吧，我就不改了。"

　　"为什么呀？"

　　"这样挺好的，吃的时候，别人看着不好看，但是自己吃着舒服的。"

　　说完继续吃起来。

　　我一看说服不成，就拿起手机把他吃西瓜的过程录制下来，拍完之后放给果果看。果果自己看后摇摇头。

　　我问："你觉得好看吗，果果？"

　　"不好看，特别不雅。"

　　我说："那咱们一起改？"

　　果果犹豫了一下，说："试试吧。"

　　我高兴地跟果果击掌确认，信誓旦旦要一起改正不良习惯。

　　手不能用了，那总得找个代替的工具吧。我跟果果开始在网络上搜罗，最后各自找到心仪的工具，我买了一双卡通筷子，果果买了一支可爱的小勺子。在货还没送到的时候，我们俩就充满了期待。等我们订购的货物一到，便开始向陋习宣战了！因为有了自己喜欢的小工具，发现这个工具比手好用多了。于是我俩在一次次互相监督、互相纠正的过程中，逐渐改掉了这个不良习惯。

这个经历让我明白，父母在说教孩子的时候，要先好好想想，是不是家里人有这样的习惯，是不是父母某方面做得不好。像我这么多年，对自己吃西瓜时用手抠籽的习惯完全不自知，连家人都习以为常了。直到出现果果抠西瓜籽的动作时，才找到问题的根源。

这也让我想起，果果刚学说话那会儿，我给他讲各种物体形状的时候，为了让他有更形象的认知，就给他拿一个稍长的盘子过来，让果果看，告诉他像盘子一样的形状就是椭圆形，盘子形就是椭圆形。

果果就跟着我说："椭圆形，盘子形。"

我一听，觉得很好玩，就强化："对，椭圆形就是盘子形。"

于是接下来我就进一步开导他：你知道杯子吗？杯子的样子就是圆柱体，圆柱体就是杯子体……所以直到现在，果果还经常说"盘子形、杯子体"这种只有我们娘俩才能懂的语言，这就是因为启蒙时没有正确地传达物体形状的标准描述语言，所以才造成了今天的笑话。

还有一次，果果听说我跟老公同时要到外地出差，回来的时间也一致。果果大喊："你们双胞胎呀。"我和老公哑然：原来双胞胎可以这么理解。就问他为什么我们是双胞胎？什么叫双胞胎？

果果说："爸爸告诉我，一样的就是双胞胎。"

果爸赶紧解释说果果那天问他，他正忙着，随便回答了一下。于是我们家就出现了关于"双胞胎"的笑话。果爸听完后知错就改，赶紧给果果补充解释什么叫双胞胎，这才不至于闹出更大的笑话来。

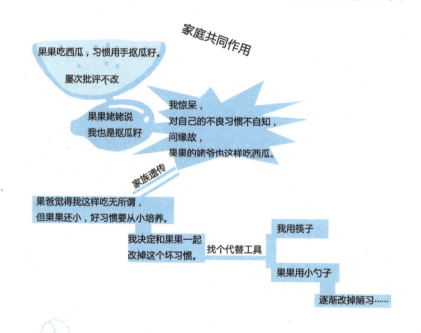

果妈说：

习惯始于父母，养成始于家庭。

不管是孩子的生活习惯，还是其他习惯，其根源都是父母的习惯，是家庭共同作用的结果。看到孩子的行为，父母们都不自觉地去教育，去纠正，岂不知，孩子的行为都是在模仿大人。所以，父母在教育孩子的同时也要看看自己或家庭的其他成员是不是有同样的"恶习"。改变孩子的不良习惯，先从改变家长开始。改变习惯要注意以下几点：

首先，在态度上一定要达成共识，认识到这个习惯是不好的。

其次，习惯养成需要时间，改掉习惯同样也需要时间，所以家长要有耐心，学会等待。

第三，家长要有方法，要想打破旧的行为方式，就一定要建立一个新的行为方式。

比如果果和我已经很习惯用手解决西瓜籽的问题了，如果不让用手，就必须找到可替代的工具，找到工具，事情就成功了一半了。

第四，要有落实，有监督，不断重复、再重复，新的习惯就养成了。

最后，在教孩子认识事物的时候，一定要告诉孩子标准规范的名词和正确答案，否则孩子很容易先入为主，闹出笑话事小，但认知世界的标准一旦建立后，再推翻就比较费劲了。所以简单粗暴、玩笑式的回答就会产生一个哭笑不得甚至"惊悚"的结果。父母对待孩子遇到的疑问或者问题，一定要有耐心，认真回答，不要认为是小孩，也不是什么大不了的事，就随便糊弄。

亲子关键词 ❀

习惯养成需要 21 天

心理学的研究告诉我们：

一项看似简单的行动，如果你能坚持重复 21 天以上，坚持行动的次数达到质变的最低临界值，你就能够开始形成习惯；如果坚持重复 90 天以上就会形成稳定习惯；如果能坚持重复 365 天以上，恭喜你，一个新的习惯已经牢固形成。

社会交往与人际关系

社会交往能力，可以说是目前的国内教育体制最容易忽略的一项能力了。

但它在未来的社会竞争里却又是最重要的能力之一。

既然我们不能指望学校的教育能把孩子的社会交往能力看得有多重，那么我们做父母的就要在这方面多下一些工夫，除了帮助孩子以正确的方式、态度和人交往以外，还要有意识地多给孩子创造一些社会交往的机会。

当然，孩子的社会范围离不开学校，好的学校还是会有一些锻炼孩子社会交往的机会的，如果有这样的机会，当然更不能放过，要好好想想怎么才能充分利用。

14. 沙滩上的"拳头"外交
——"打架"也是社会交往

孩子之间发生矛盾是再正常不过的事情了。

果果在沙滩上玩得好好的，被别的小孩扬了一脑袋的沙子。

当他站在你面前告状的时候，妈妈应该怎么办呢？

心疼的你是会立刻拉着孩子去找对方理论，或者把对方也大揍一顿？

还是有更好的办法？

一次，我们全家去海边玩儿。6岁的果果性格外向，很快就找到一群年龄相仿的孩子，玩起了沙子。过了一会儿，他灰头土脸地回来了："妈妈，有人把沙子扬在我头上了，弄得我一身都是。"

说完就苦着脸看着我，我拍拍他身上的沙子问他："你现在什么感受啊？"

"当然不舒服啊，弄得我身上痒痒的，非常难受。"

"很难受是吧，那你这么难受，会把沙子扬在别的小朋友身上吗？"

"绝对不会的，我不会欺负别人的。"

"好的，果果不欺负别人，但别人把沙子扬在你头上，你有什么办法可以解决这件事吗？需要妈妈帮忙吗？"

"我自己先来。"他的小男子汉气概尽显，豪气地说。

"你怎么来呀？"

"我直接去找他，让他跟我道歉。"

"嗯，也不错。还有别的办法吗？"

"我要去告诉那个男孩儿的妈妈，让她批评他，让她的孩子跟我道歉。"

果果说完后，我想了想，他说的都没什么危险，也不会对别人有伤害，他要的是合理的道歉，不是以暴制暴，我就让他自己去解决了。

我远远跟在果果后面，看到他走向那个男孩，说：

"你刚才扬我一头的沙子，你必须给我道歉。"

那个男孩自顾自地玩儿，根本没有理会他。

"你必须给我道歉。"

男孩还是没有反应。

果果又走向离男孩不远处站着的男孩的妈妈。

"阿姨，刚才哥哥扬了我一头沙子，还不向我道歉。你能让他道歉吗？"

"阿姨替他向你道歉，好不好，小朋友？"

"不是阿姨做错了，不应该是你道歉。"

"是，他应该道歉。"孩子妈妈抱歉地看了看他，再没有别的反馈。果果一看这事儿还没解决。

他很快又转身走回孩子们玩的地方去了。我不放心，还是远远地看着。

不一会儿，忽然看到果果拎起小桶，一下子朝蹲着的大个子男孩儿头上扣了下去。

"叫你欺负人！"果果大声地说。

那个男孩儿没有想到果果会这样，直接懵在那儿了。沙子从头上一直滑到耳朵上落到沙滩上，果果看看他，又说道：

"我做得不对，给你道歉，对不起。但是你扬我沙子，你也必须给我道歉。"

那个男孩儿一看果果的强势劲头，小声说了句："对不起。"

果果大声说了句："没关系。"说完就走了。

过了一会儿，男孩拎着一桶沙子，拿着小铲子慢慢地走向儿子，我的心一下子又悬了起来，心里想：难道这孩子又要重复刚才的一幕？

我很担心，但还是按捺住想保护自己儿子的冲动，走到果果附近，静观其变。

当这个男孩走到果果跟前，果果打量了一下他，攥紧拳头，有点愤怒地说："你还要扬沙子啊？"

这孩子怯怯地说："不是，不是，我想跟你一起玩儿。"

果果一听确实无害，就答应了，说："行吧。"

我提到嗓子眼的心终于放下了。看着果果和那个男孩一起拿着小桶、小铲子在沙滩上快乐地玩耍，我知道果果的沙滩"拳头"外交成功了！

（在附录中有关于提问技巧的详细阐释，家长们可以对照着故事，再来看看。）

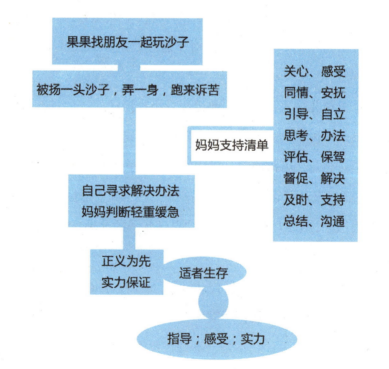

果果找朋友一起玩沙子

被扬一头沙子，弄一身，跑来诉苦

妈妈支持清单

自己寻求解决办法
妈妈判断轻重缓急

正义为先
实力保证

适者生存

关心、感受
同情、安抚
引导、自立
思考、办法
评估、保驾
督促、解决
及时、支持
总结、沟通

指导；感受；实力

要告诉男孩子不惹事，不怕事，要担当，要包容。

在孩子（尤其是男孩儿）的成长过程中，很多家长会遇到这样的困惑：我们告诉孩子遇到事情不要动手，要和平解决问题。但有的时候，孩子会被欺负，如果不还手，以后还可能再次被欺负。在这个问题上到底应该如何教育孩子呢？

在我看来，男孩之间有时打架是无法避免的，家长需要告知孩子不要去欺负别人，更不能欺负女孩子，但当别人欺负自己的时候，也要学会保护自己。

当果果被欺负的时候，我首先让他体会自己当时的感觉，并让他记住这种感觉，"很气愤不舒服"，这可以避免他今后用同样的方法对待别人。然后让他自己去思考解决问题的办法，家长此时要评估孩子行为的后果，只要没有危险就不要一味阻拦。在这个过程中，我也一直跟着进行观察。假如这次果果反击的结果是被大男孩儿继续欺负，我也不会插手，这无疑也是人生中的重要一课，告诉他在实力悬殊的时候要懂得忍耐，要么就躲开，要么就比对方强。拳头说话，适者生存。

对于男孩儿来说，家长在给予保护的时候，更应该通过指导，让他们自己去感受，去解决，去体会成功和失败，也要去理解和包容。

所以，当孩子之间发生矛盾时，家长应注意以下几点：

首先，不要第一时间干预，家长先询问孩子的感受，引导孩子想出比较合理的解决方案，然后让孩子自己去解决问题。孩子的问题就让孩子解决，孩子一定有自己的办法。

男孩子之间发生矛盾是正常的，解决矛盾的过程也是一个互相征服的过程，这是男孩子的身心特点。越迎头而上，就越可能杀出一条血路；越退缩就越容易被欺负。

第二，家长要注意保护孩子，对事件进行评估，看有无危险或发生伤害的可能，或者有无事态进一步扩大的情况。如果没有上述问题，就可以放心大胆地让孩子自己去解决，但家长需要跟踪观察，规避风险。

关于孩子打架，记得还有一次，我送朋友的儿子和果果一起去上学。上车前我就提醒他们不要坐在一起，以防肢体接触，一言不合打起架来，但是他们都还处在见面的兴奋中，巴不得凑在一起，当然也都没有听从我的建议。

他们在一起欢快地聊着孩子感兴趣的话题，可说着说着两人声音越来越大，再到后来就没有说话声，只听见呼哧呼哧的喘气声。通过后视镜，我发现他们已经扭打在一起，用拳头来沟通了。只见一个被打得乌眼青，另一个脸被挠了几个血道子，看起来都没占到什么便宜，而且还有继续厮打的趋势。

看到这里，为了安全起见，我便将车停在路边，打上双闪，打开音乐，等待他们平息"战争"。持续了几分钟后，两个孩子打累了，也打疼了，于是都停手了，也都哭了，但可喜的是都没告状。看到他们停手了，我便继续开车，将他们送到学校。因为路上的打架耽搁了时间，他们迟到了。停车后，他俩先后拿起书包下车，互相却还等着对方，一起跑进教学楼。

看着他们远去的背影，我不禁感慨：看来在"战火"中结下的友谊还是不容小觑的。孩子的事情，只要没有大的原则性的冲突和伤害，随他们去吧。只是在这个过程中，你要用你的行动来告诉他们，我已经提醒过你们不要坐在一起，打架是你们俩自己的事情，迟到也是你们的事情，你们要对自己的行为负责。

亲子关键词

八步支持清单

孩子之间遇到问题或者发生矛盾，需要解决，家长要学会问问题，适时提供支持即可，让孩子独立解决问题。就像在解决被扬沙这个事情的过程中，我和果果就是按照以下的沟通环节来进行的。根据孩子的反馈，我加以引导和评估：

1. "发生了什么事情？" → 关心，表达关注。

2. "你的感觉如何？" → 共情，情绪安抚第一。

3. "你想要怎样？" → 引导，让孩子自主解决问题。

4. "那你觉得有哪些办法可以解决？" → 思考，引导孩子思考解决办法。

5. "这些方法的后果会怎样？" → 评估，家长评估后果，保驾护航。

6. "你决定怎么做？" → 决策方案，引导解决问题实施方案。

7. "你希望我做什么？" → 支持，适时提供支持。

8. "结果怎样？有没有解决问题？" → 总结，让孩子总结反馈，沟通分享。

家长们也可以根据具体情况，自己总结什么该做，什么不该做。

15. 调换幼儿园
——融入新环境更重要

生活中有很多的第一次，第一次上幼儿园，第一次戴红领巾，我们要面对生活中的许许多多的第一次。

果果上学的幼儿园要拆，面对刚刚适应了幼儿园生活的 3 岁小孩子，在面临转园问题的时候，应该怎么做？

果果要调换幼儿园了，为了这件事，果妈可是花了大心思。

果果 3 岁时，他所在的幼儿园，因为拆迁要合并了。于是，有一件事摆在我们的面前：调换幼儿园。

这事对孩子来说，不是小事，绝对是大事。在一个 3 岁孩子的世界里，没有比这更大的事了，这牵涉到和

原来熟悉的同学、老师、学校分离，对新同学、新老师、新环境的熟悉和适应。

想到这些可能出现的状况，我觉得需要采取一些办法，减轻转换环境对果果心理的影响。我先说服跟果果玩得比较好的三位同学的家长，希望他们能愿意到同一家幼儿园，这样四个小朋友分到一个班里，能减少新环境、新同学带来的陌生感和不安全感。至于幼儿园，我负责去沟通。家长们认同我的想法，觉得虽然环境变了、老师变了，如果同学不变，还好适应一些。我看第一个问题解决了，就开始跑幼儿园。

找到离现在就读的幼儿园比较近的一家，联系上园长，把我的想法跟园长沟通，不挑班级好坏，只要这几个孩子在一个班里就可以。跟园长交流后，园长很感慨，说找她的人大多是挑老师、挑班级的，像我这种想法的家长还是很少的。于是，园长答应把我们的孩子安排在一个班里。

第一战，大功告成。顺利找到幼儿园，4个好朋友在一起。

但是，到新幼儿园第一天，就出现状况了。

那天，果果回到家就说不去幼儿园了。追问原因，他闷头不说。我和果爸看到他不说，也就不追问了。张罗着一起吃晚餐。在餐桌上，我和果爸和以前一样边吃边聊。忽然，果果一拍桌子："你们都给我闭嘴。"

我和果爸对视了一下，想到孩子刚到新幼儿园，明白这个有可能就是果果不上幼儿园的原因。接着，我们就当什么也没发生一样，继续聊着。中间的时候，我对果爸说："你给我闭嘴。"声音很大。

果爸也对我说："你给我闭嘴。"声音也很大。

然后我们逐渐降低音量，最后递减到平常的音量："你给我闭嘴。"

果果始终不说话，在观察着我们的反应，最后他觉得这句话也没什么，他也开始跟着我们一起说。很快，这句很惊爆的"你给我闭嘴"，在我们一家三口结束晚餐的时候，已经是一句很平常的话了。

到了晚上，给果果洗完澡，我问他明天还要不要去幼儿园，他说当然要去了，好像没事一样。我知道，今天的事情过去了。

接着在果果快要入睡的时候，我在他耳边轻声说："爸爸妈妈爱你，老师也爱你，我们都爱你。"

果果迷迷糊糊中点点头。

但是第二天，同样的故事又继续上演了。

果果说："这次我是真的不去幼儿园了，说什么也不要去了。"

问他原因，他也不说。我就拉着果果坐下，给他讲了一个小故事。我说："妈妈今天下班回家的路上，碰到一群小鸭子，其中有一只小鸭子看起来特别不开心，垂头丧气的，你知道，它为什么不高兴吗？"

果果立刻说："小鸭子被老师批评了呗，肯定不开心呀。"

通过"意向性对话"讲小鸭子的故事，我大概知道了果果今天是怎么回事了。于是我提议，我们一家三口做游戏。

果果当老师，果爸和果妈做学生。果果一听当老师很开心，于是站在客厅中间努力找当老师的感觉。

我和果爸坐在下面，开始做小动作，互相讲话，打闹。果果特别不高兴，拿着小教鞭大喊："你们手扣好，脚并齐，不许说话。不听话，我要罚站了。"

这样，不自觉中，果果把幼儿园老师的状态全表现出来了。

看到这里，我很抱歉地跟果果说："果果老师对不起，刚才我们不应该不守纪律，我们错了，你能原谅我们吗？"

果果说："只要你们不说话、不乱动，我就原谅你们。"

我说："谢谢果果老师。是不是老师都喜欢听话守纪律的小朋友啊？如果我们不守纪律，你是不是就没办法讲课了？"

果果点点头，说："就是呀。"我说："那我明白了，以后我要做个守纪律的好学生。"

果果若有所思。

到了晚上，我还问他，明天是否要上幼儿园。果果说，还是要去的，不过明天上学他要遵守纪律，做个守纪律的好宝宝。

我知道，今天的角色互换游戏，让孩子明白了很多。

第二天早上，在果果快要起床的时候，我在他的耳边低声告诉他，无论什么时候妈妈都爱他，他是爸爸妈妈最爱的宝宝。

阳光依旧，果果又高兴地去上学了。

经过了两次果果的幼儿园事件，我知道应该跟老师交流一下了。

我把这两天果果的表现以及我的应对方法跟老师做了沟通，希望能够得到专业方面的支持和指导。老师很客气地说，她都不一定有我做得好。在果果的事情上，她确实没太关注。另外，她本人嗓门大，说起话来像吼，她表示以后也会注意。接着我们又商议了一下如何进一步密切配合，我也表达了对老师的感谢。

在接下来的日子里，通过我们的参与和跟老师密切的沟通，果果很顺利地度过了调换幼儿园的适应期。

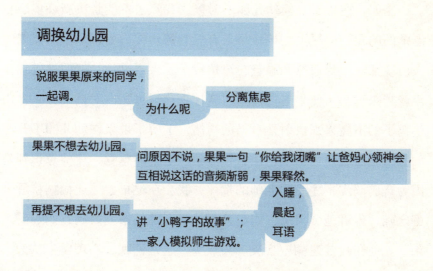

调换幼儿园

说服果果原来的同学，一起调。

为什么呢　　　　分离焦虑

果果不想去幼儿园。

问原因不说，果果一句"你给我闭嘴"让爸妈心领神会，互相说这话的音频渐弱，果果释然。

再提不想去幼儿园。

讲"小鸭子的故事"；一家人模拟师生游戏。

入睡，晨起，耳语

 果妈说：

不要让孩子输在转折点上。

孩子刚开始上幼儿园，或者从一个环境转到另一个新的环境，都会有一个不适应的过程。当孩子出现不适应的状况时，如果处理不好，就会有分离焦虑，即对于过去的环境、人、物十分依恋，对新环境、人、物很排斥，严重的会郁结成心理疾病，影响正常的生活和学习，影响身体健康。在这个关键期里，家长就可以根据实际情况，给孩子提供支持，让孩子尽快适应新的环境；也可以采取一些心理学上的小方法，比如系统脱敏、意向对话、换位思考、情景再现、催眠等方法，让孩子在不知不觉间，主动适应新的环境。

比如，在果果要换幼儿园的时候，我除了不能解决新环境、新老师的问题，但尽可能地让果果有熟悉的伙伴；当果果不习惯老师大声说话时，我通过和果爸轮流拍桌子、大声讲话，然后递进式让声音越来越小，使果果慢慢地习惯接受；通过意向对话的方式，用小鸭子的不高兴来投射他自己的情绪，了解了果果在幼儿园不开心的原因；通过角色扮演，让果果体验当老师的感觉，让他意识到是因为自己调皮，才受到老师的批评；我会在他早晨迷迷糊糊将醒未醒之际，告诉他"果果，妈妈爱你，或者是果果爱妈妈，妈妈爱果果"。他在睡梦迷糊中会笑、会点头，这是催眠。心理学家认为，当孩子顾虑很多事情的时候，你对他的这种正面积极的爱的刺激，会被孩子吸收。家长们也可以在刚入睡的时候，给予孩子爱的刺激。比如孩子最近很紧张，或者受了委屈，告诉他"爸爸妈妈永远爱你"，孩子的脑海里或梦中就总会浮现出"妈妈爱我"这样温暖的话语和感觉。以后孩子再遇到委屈和不开心，因为内心有"爸爸妈妈的爱"，这股强大的爱的力量，就会让孩子很快从负面情绪中走出来。

著名作家柳青说过："人生的道路是漫长的，可是紧要处常常只有几步，紧要处走错，就会永远错下去。"对于家庭教育，"紧要处"就是"转折点"，就是"成长关键期"，就是"重大事件"的处理。过去，家长们常说：不能让孩子输在起跑线上；现在，家长要讲：不要让孩子输在转折点上。

"输在起跑线上"，是指别人跑，你没跑；别人跑得快，你跑得慢。随着经济发展、物质丰富、社会前进、教育进步，一般家庭都能做到不让孩子输在"起跑线"上。

现在，家庭教育水平的高低是体现在"转折点"上。这些"转折点"，是指改变原来方向的点。对成人来说，也许不算什么，但对于孩子身心的健康成长，这都是"雷区"，处理不好，贻害无穷。

在环境变化的关键时期，家长需要对孩子保持高关注、高反馈。做个细心、用心、有科学方法的妈妈。

亲子关键词

敏感期

在儿童成长过程中，存在各种能力发展的敏感期。所谓敏感期，就是发展的关键期。儿童心理学、教育学家蒙特梭利认为："这是自然赋予幼儿的生命助力，如果敏感期的内在需求受到妨碍无法发展时，就会丧失学习的最佳时机，日后要想再学习此项事物，不仅要付出更大的心力和时间，成果也不显著。"所以，家长需要不断了解孩子的成长规律，应该对孩子发展过程中的敏感期，有相当的了解和关注，给予适当的刺激，帮助孩子发展。

儿童敏感期有以下九种：

语言敏感期（0~6岁）

秩序敏感期（2~4岁）

感官敏感期（0~6岁）

对细微事物感兴趣的敏感期（1.5~4岁）

动作敏感期（0~6岁）

社会规范的敏感期（2.5~6岁）

书写敏感期（3.5~4.5岁）

阅读敏感期（4.5~5.5岁）

文化敏感期（6~9岁）

16. 老虎嘴巴臭不臭？

——伸张正义还要学会保护自己

孩子在学校往往都会遇到以大欺小、恃强凌弱的情况。

当孩子因为说真话被别的孩子欺负，家长应该怎样引导孩子？

是教孩子要坚持说真话？

还是要撒谎以免遭受皮肉之苦？

有一天，果果放学回家给我讲了一个故事。

故事是这样的：

"老虎经常爱吃肉还不刷牙，所以它的嘴巴就很臭。后来，它就问小白兔，'小白兔小白兔，你说我的嘴巴臭吗？'小白兔说臭，然后它就把小白兔给吃了。然后它又问大象，'大象大象，我嘴巴臭吗？'大象说臭，然后它就没吱声，走了。这时候它碰见狐狸，'狐狸狐狸，我嘴巴臭吗？''大王，我这几天感冒了，我闻不出来。'狐狸就溜走了。"

我就问果果："你给我讲这个故事是什么意思呢？"

他说："今天在学校里发生了一件事，我们班有两个同学抄别人作业，之后老师问他们俩是不是抄袭的？他俩都说没抄，然后我就站出来，说他俩抄了，我亲眼看见的。老师就狠狠地批评了他们。等下课的时候，那俩小孩儿就把我给打了。"

我看了一下儿子，表面上没有什么伤，就问果果："挨打之后怎么着了？"

果果说："我被揍之后，我的同桌就建议我去医务室看看。我觉得有道理，他就陪我一起去了，然后回来也没啥事，不过就是有点儿小疼。"

"你同桌陪着你去的？"

"是的。"

"那谢谢你同桌了吗？"

"哦，忘了，就想着疼了。明天我会想着谢谢他。"

我心疼地抚摸了一下果果，问他："你后悔说实话吗？"

"有点后悔。其实，我也在思考，我是应该说真话呢还是应该说假话呢？"

果果反问我："妈妈，如果你是我，你会怎么做呢？"

果果也想看看我的态度。

我说："先不说我，你想好了吗？"

他说："还是要说真话，但说真话容易挨打。就像在这故事里面，要么像大象一样强大，能打过它，就说真话；要么我像狐狸一样，我不说话，我也不挨揍；像小白兔，只能被吃掉。"他在思考。

我说："你觉得这事还有更好的解决方案吗？"

他说："第一，肯定不能说谎。第二，妈妈你看，当时是两个人，如果是一个人呢，他打不过我，也不至于挨揍。"

我说："是不是当时条件换成你能打过的就说实话？打不过的就像狐狸一样，老师没问到你，你就不吱声，他要问到你呢，你就说。"

果果说："对，要看条件、看环境，这次就有点吃亏了。"

"那你没想过去告诉老师？"

"想过。不过，结果一样，可能还要再接着打一架。想想就算了。"

我说："也可以理解，先保护好自己。还有什么好办法吗？"

果果说："其实这件事也不是什么大事，他们爱抄抄去呗，关我什么事啊？"

我说："那个抄袭的同学，在你们班里受老师和同学欢迎吗？"

"大家当然都不喜欢他们啦，不仅撒谎，而且暴力。"

我说："哦，那他们有好朋友吗？"

"没有，就他们俩好，大家都不喜欢他们。"

"是不是因为他们不诚实，总欺负同学，所以就交不到好朋友啊？"

"是啊。"

"我明白了，那我们如果以后什么事都缩头缩脑，事不关己，高高挂起，不诚实，是不是也会没有好朋友？"

"是的，会被大家瞧不起的。"

"看来我们还是要做一个诚实的人，哪怕受点委屈，挨揍一回，是吧？"

"是的，但还是要看情况，确实是个坏孩子的话，还是躲着点走吧，大不了我不说了。"

"是的，诚实是我们做人做事的底线，是必须遵守的原则；其次是方法问题，要根据情况找到应对的方法。"我说。

果果听着，点了点头。

果果讲了个故事	问小白兔	如实答	被吃
老虎不刷牙，嘴巴臭	问大象	如实答	走开
	问狐狸	谎称感冒	溜走
询问事由			
班里两个同学抄袭笔记			
老师询问			
当时两同学都说没抄			
果果站起来检举			
下课时，两同学揍他			
果果自己得出解决方案	诚实是原则，是底线		
	诚实也要有方法		

诚实是美德，因时因地是原则。

诚实是美德，变通是智慧。

家长要求孩子要诚实，不要撒谎，在这个原则基础上，果果可以思考怎么处理好这件事，还要让自己不受到伤害。他表面是在问我，其实他自己也在思考和总结。不过，他能通过故事，映照自己的心情或者联系到自己身上发生的事情，不断思考探求解决问题的办法，这也算是一个意外的收获。只要有问题，就会有收获。孩子是在不断的冲突或者矛盾中，渐渐长大的。

当孩子因为说真话被别的孩子欺负时，家长要根据具体情况，肯定孩子的诚实行为，同时也要引导、告知孩子要学会保护自己。生活中很多事情，由于坚守了诚实的美德，却没有很好地保护自己，结果造成了不必要的伤害。所以要诚实，也要有方法，更要学会保护自己。

关于诚实，家里还发生过一件事：

一次，我和果果在车上等他爸爸下班，车停在草坪边上。我刚吃完桃子，顺手就把桃核扔到草坪里。果果说："妈妈，你做得不对，不应该随手扔东西。"我一急，就说："妈妈在种桃树呢。"他一听说种桃树，就说："妈妈，我也要种桃树。"我没招儿了，毫不犹豫地拉开车门，出去找了半天，找到桃核。跟果果说："第一，妈妈做错了，桃核不应该扔出去，应该扔到垃圾桶里；第二，妈妈说错了还撒谎；第三，桃树的种植方法是这样的……（我给他讲了种桃树的知识。）"

家长是孩子的榜样，孩子是家长的镜子。可见，家长不诚实，孩子也会不诚实。在扔桃核事件中，我也获得了成长，其实我们有很多不良习惯不自知、不改变，但孩子的出现，能促进我们改变自己，和孩子一起成长，一起感悟。

亲子关键词

诚实

诚实是真实表达主体所拥有信息的行为。诚实比一切智谋更好。诚实的人必须对自己守信，他的最后靠山就是真诚。

比如，本文中果果的诚实表现在两个同学互相抄笔记，他看到了，跟老师说明事实，虽然最后挨打了，但是总结出了一套自己的"处理方案"。

17. 爱心义卖

——抓住每一个社会实践的机会

孩子的学校总会有一些模拟社会生活场景的活动，面对这些活动，家长应该持有什么样的态度呢？

不同的家长对这些活动的不同心态，必然会导致不同的结果。

为什么说推销能力需要从小培养呢？

果果的学校要搞爱心义卖活动，让孩子们拿出自己珍藏的玩具、图书、现场制作的美食等在校园中进行爱心义卖，每件商品不能超过 10 元，并将自己的劳动所得进行现场捐赠，希望通过这样的形式，用爱伸出援手，温暖需要帮助的人。

果果回家后，就开始找他的玩具和图书，但拿起这个放下那个，总感觉没什么特点。接着又想现场做点吃的，但会做得又太少，像简单的三明治，去年已经做过了。然后又开始上网查资料，看卖什么好，要兼顾不能超过 10 元售价，又得能销售出去。忙活了好长时间还是没有结果，最后只得向妈妈求助。

我问："这次义卖你想怎么样？你的目标是什么？"

果果说："我想多卖钱，多捐钱。"

"好，这个就是你的目标。目标定了，那就想办法怎么实施。怎么样才能多卖钱呢？"

果果说："当然是同学多买，就能多卖钱了。"

"别人为什么会多买你的东西？"

果果说："喜欢就多买了。"

"那就要考虑，同学都喜欢什么呢？"

果果说："都不一样的，有喜欢看书的，有喜欢吃的，有喜欢玩儿的，不好说。"

"没关系，在这三种类型中，你最喜欢什么？最想卖什么？"

到底还是个孩子，果果毫不犹豫地说："玩儿的。"

我说："好的，目标又缩小了，越来越聚焦了。按照你刚才的思路，自己想，玩儿的里面具体还怎么分，最好能锁定在一种商品上。"

果果开始动脑子思考："玩的里面，有男生喜欢的和女生喜欢的。我是男孩儿，比较了解男孩儿喜欢的东西。先想男孩儿喜欢玩儿的吧。"又进了一步，

果果很开心。

接着他又说："男孩儿喜欢玩具车、枪、飞机、游戏、运动。"

我听着果果的分析，心里好笑，他把自己喜欢的都罗列出来了。

果果接着自言自语地说："再选一样，游戏没法卖，运动也不成，车、飞机和枪大家肯定都喜欢，那就卖玩具车吧，咱们家这个比较多，卖起来也比较简单。"

果果很兴奋地告诉我："妈妈，玩具车肯定大家都喜欢。就卖玩具车了。"

我看到果果在动脑子，一层一层地聚焦，非常欣慰。

就接着问他："知道了自己想卖什么，应该怎么做呢？"

果果听我说完，就很自信地告诉我："我把咱们家所有的玩具车都找出来。"

说完就开始行动，跑到他的房间里翻箱倒柜，可是找来找去，只找到 10 多辆小车，他的解释是有的太大，不好拿，有的自己很喜欢舍不得，最后只有 10 个觉得可以出售。

看到这 10 个玩具小车，果果摇摇头说："太少了，卖不了多少钱，而且也不一定好卖。"

果果有点动摇。

我问他："你刚才已经确认要卖玩儿的，是卖给男生的，除了车，还有别的吗？"

果果开始动脑筋，忽然眼前一亮，告诉我说："妈妈，我知道卖什么了。男生都喜欢航模，我可以卖航模。"

说完，就跑到书房上网查找，不一会儿就找到了卖航模的网站，网上卖 6.5 元一个。果果兴奋地算着：一个卖 10 元，可以赚 3.5 元，10 个是 35 元，100 个是 350 元。

算着算着就高兴得手舞足蹈起来。

最后，果果就决定卖航模。

刚要下单，就发现又有了新的问题，应该买多少个呢？

果果征求我的意见。

我问果果："你想赚多少钱？"

果果想了想说："100 元。"

我说："要赚 100 元，要卖出去多少个航模呢？你算算。"

果果拿起计算器："100 除以 3.5 等于 28.57，约等于 29 个。"

果果很兴奋地在购买数量上敲了 30，到了提交付款的页面。

他又找到我，让我帮他付款。

我看到这里，跟果果说："你知道要卖什么，也知道要赚多少钱，也知道卖给谁，但你能不能告诉我，你怎么卖呢？在卖的过程中会出现什么问题呢？"

果果听了我的问话，很快地说："不会出现什么问题的，顶多卖不出去，我自己可以留着玩。"

"这么多都自己留着？"

果果听了我的问话也觉得自己的回答有点欠考虑。

就用手托着小脑袋开始想："我们班有 20 个男孩，如果每人买一个就是 20 个，我还认识其他班的男生，还有管乐团的同学，加起来差不多40个，可能有不想买的，30个还是有希望的。怎么卖的问题我想清楚了，就卖给自己认识的人。至于会出现什么问题？那就是卖不出去呗，还有就是可能有损坏的。"

我在旁边听着果果念念有词，心里很是高兴，看来他是想通过熟人进行营销。

听到这里，我追问果果："一件商品除了能够跟你熟悉的人介绍之外，怎样做才能让更多的人知道你卖的是好东西呢？也就是如何做广告宣传呢？"

果果说："有了，我可以把模型做出来一两个，摆在那里，这样大家都可以看到了。还可以在摊位上，做一张宣传海报，上面写清楚优点是什么，好处有哪些，卖多少钱。还可以在现场找几个同学当托儿，让他们来回玩儿，把人吸引过来。"

我一听，方案很靠谱，就又接着问："既然你有这么多方案，那你还是原来的计划，购买30个航模？"

果果赶紧说："30个不够卖的，我还是批发50个吧。"

我说："这么有信心？"

果果说："我又想到了一招，买1张电影票，到校园电影院里去卖，那里人多，估计也好卖。"

他一说完，我就哈哈大笑起来，果果太逗了，真的像个"小商人"在构思一次"市场营销活动"。

"好了，妈妈别笑了，赶紧下单吧。就这么定了。"

于是我很快就在网上帮着果果完成了支付。

见证奇迹的时刻到了。

在义卖当天，果果按照事先的市场营销方案，不到1个小时就全部卖完了。最后一共卖了485元，有的做了样品，就卖得便宜。除去成本325元，有160元可以捐出去，他捐了100元，剩下60元他去买了别人的东西。

义卖结束后，我就问他还有什么感受？

他说："有个同学卖小人书，卖得很好。那本书我不喜欢看，但那个同学带了35本，比我卖得还快。我发现，不是你喜欢什么就卖得好、卖得快，只要买的人喜欢就行了。"

"那你明年也想卖小人书吗？"我问到。

"我不喜欢小人书，我不想卖。"果果果断地说。

"那你明年想干什么呢？"

果果说："我已经在食品区、商务区都做过了，明年打算在娱乐区做。"

"娱乐区会赚钱吗？"

"没关系呀，要是娱乐区不赚钱，我还可以雇人在商务区卖航模。"

"你雇谁去呀？"

"同学啊，到时候送他一个航模。"

"你同学要是不想去呢？"

果果说："那我就雇姥姥，或者爸爸、妈妈。"我很无语，但是孩子有这种灵活的想法，我倒也很高兴。

校园搞爱心义卖活动，每件商品≤10元，劳动所得可现场捐赠。

果果回家后，各种准备和查找，看什么好卖且兼顾≤10元的售价。

向妈妈求助

妈妈：目标是什么？	果果：想多卖钱，多捐钱。同学多买，就能多卖。
同学为什么买你的东西？	喜欢就买。
同学都喜欢什么？	喜欢看书、吃的、玩儿的。
果果最喜欢什么？最想卖什么？	玩儿的。
玩儿的东西上，锁定一种商品	玩具车。

果果最终决定卖航模，网购。

结果　在庙会上，不到1小时航模全卖完。

果果自己总结：
不是个人喜欢就好卖，买的人喜欢就OK。

果果：
明年计划在娱乐区；雇人在商务区卖航模。

 果妈说：

从小培养社会实践能力，让孩子赢在未来．

一些学校经常会有这类活动，有些家长可能觉得就是孩子卖东西，体验一下就行了。凡事以小见大，只要利用好了，可能就是一堂效果最好的社会实践课。家长可以通过这个小小的活动，启发引导孩子的营销思维，让他了解基本的商业运行规则。再加上他自己亲自去实践，融会贯通，在不久的未来，孩子的商业思维模式就建立起来了。

校园义卖会——这样的活动，是非常好的锻炼孩子各种能力的平台和机会，尤其是社会实践能力以及市场营销能力。果果就是在妈妈的帮助和引导下，自己想办法，自己想点子，最后实践出自己满意的结果。果果的每一次回答也令妈妈出乎意料。可见，孩子的社会能力和思维其实是不容小觑的。

对于孩子，尤其是0~9岁这个阶段，不在于孩子聪明与否，这个时候的孩子大脑神经元已经突起，家长应该及时给予各种刺激。孩子接受什么刺激，就会对什么敏感，若是不激发，某些潜能可能就消退了。

家长要善于利用这样类似的机会教育和启发孩子的思维，社会实践能力也是慢慢积累的，并非一蹴而就。用心的妈妈就会抓住孩子的这种能力，辅以有效的引导，让孩子体会到用自己的能力创造财富的喜悦和成就感，将来融入社会，必然也会学以致用地发挥自己的社会实践能力。

亲子关键词 ✿

社会实践能力

在注重素质教育的今天，社会实践一直被视为培养孩子全面发展的重要途径。实践能力是指人们在有目的地探索和改造现实世界的一切社会性客观物质活动过程中所表现出来的能力和素质，社会实践是实践能力的一个重要方面。

实践能力是人的智能结构中的重要组成部分，同时也是人的认识形成的基础。家长应该多创造、多营造和孩子的生活紧密相关的社会活动，带领孩子亲身去参加和体验，比如体验消防员、医生的工作，亲自种花养鱼等。在活动中，帮助孩子们建立对这些社会活动的感知，积极实践，以培养起社会能力，学以致用，拥有独立解决问题的能力。

果妈通过一次校园义卖活动，让果果参与制订销售方案，深入浅出地给他讲解市场营销知识。有了果妈的引导和知识方面的提供，果果自己决策，经过实践，给了家长很大的惊喜。爱动脑筋的果果，还自己总结出了一套实战经验，知道如何卖东西。通过具体的可感知、可参与的活动，培养孩子的社会实践能力是非常有效的。只要父母放手，不包办，给孩子适当的空间，孩子的表现远在我们的期望之上。

Chapter 5

家庭氛围与亲子关系

很难想象，一个每天吵吵闹闹、夫妻不和的家庭，会培养出心智等各方面完全健康的孩子。给孩子一个好的家庭氛围，对孩子良好品格的形成是至关重要的。

理解和沟通，是良好家庭和亲子关系建立的关键词。

这两者的基础是尊重，只有尊重每一个家庭成员，包括孩子，才能有了解、理解和沟通。

关于这方面，可能每家都有自己的"绝招"，看看果妈是如何做的吧。

18. 我一点不比别人差

——不要随意对孩子做比较

为什么说世界上有一种神奇的孩子叫"别人家的孩子"？

有人说："不比不知道，一比吓一跳。"

为什么现实生活中，孩子都会讨厌父母拿自己和别人比较？

比什么？怎么比？为什么比？

一天，果果去同学奇奇家玩，我去接果果的时候，奇奇正在弹钢琴给果果听。小姑娘看到我来了，即兴给我弹了一首她正在学的新曲子。

漂亮的小姑娘弹得非常投入，时而闭目陶醉，时而慷慨激昂，悠扬的琴声弥漫在整个房间，令人愉悦，我很喜欢听。

回家的路上，我跟果果聊天，

说："今天奇奇的钢琴弹得真不错……"

话音还没落，就被果果拦住了：

"我就知道你要跟我说这个，我等了好长时间了。是不是要比较啊，说我的琴练得不好啊……你们大人就喜欢把小孩子比较来比较去。"

我一下子就被果果噎在了原地，赶紧往回找补，说："以前我好像没怎么比较过吧？"

果果说："有，就是吃饭的时候，我只要不好好吃饭，你就举例子。上次你就说豆豆病了，因为他不喜欢吃蔬菜，所以抵抗力下降，就生病了……"

看来，果果对我把他跟别的孩子比较，还是非常在意的，否则他不可能脱口而出。

"就这次和吃饭的事，两次。还有没有其他事情，把你跟别的小朋友做比较的或者你觉得妈妈做得不好的地方？"我问到。

果果犹豫了一下，想了想说："没有了。"

接着，果果就着"比较"这个事情，跟我分享了他在学校里发生的一件事。

"有一次，我们学校高年级的同学来我们班做调查，问：当你犯错误的时候，你的爸爸妈妈是如何处理的？有3个答案供我们选择：A、不管不问；B、跟别的孩子作比较；C、打骂。我当时选的是B。"

我一听这话，意识到问题比较严重，就说："你为什么这么选啊？"

果果说："你们A、C都不是，我只能选B。"

我说："明白了，你用的是排除法。但选择 B，是爸爸妈妈的处理方法吗？"

果果说："有时候是，有时候不是。"

我问："什么叫有时候是，有时候不是？"

果果说："就是有时候你们会跟我讲道理。"

我问果果："那如果你将来当妈妈了，你的孩子犯错了，针对以上答案，你怎么处理？"

果果说："我将来只能当爸爸。我会选 A。"

我故意自言自语，放慢语速，"哦，不管不问。"

果果赶紧说："也不对。我觉得他们这个题的答案设计有问题，我会选 D。"

我问："D 是什么啊？"

"跟他讲道理，他都是大孩子了，讲道理会听的。"果果像个小大人。

"那你也希望我选 D 吧？"我问果果。

果果说："对。"

"如果讲道理不听呢？怎么办？"

我继续通过提问引导果果思考。

"那就罚零花钱吧！或者不让玩游戏，不让玩玩具。"

"嗯，是个好办法。"

"做个家长真不容易啊。"我感慨，接着问道：

"我特别想知道，在你认识的所有小朋友的妈妈里面，你最喜欢哪个妈妈？"

"我比较喜欢田田妈妈，她说话很温柔，对我也好，给我们做好吃的，你就不会做好吃的。"

"哈哈，小子，你看，你也会比较啊。比较哪个妈妈你喜欢，比较哪个妈妈做饭好。是不是？"我有意给果果下了个"套"：

"对于你把妈妈进行比较，你是怎么看的？"

"这个……"果果迟疑了半天，最后说了句："好吧，我理解你了。"

我接着说，"其实有时候，比较有两种：一种是自己跟自己比；一种是自己跟别人比。我们在跟别人比较的时候，不是说谁不好，是为了知不足，提高自己。通过比较，才能看到别人的长处，取长补短，去学习。"

我需要让果果知道，我的比较并非意味着他不如别人，没有打压他的意思，只是希望他能取长补短，仅此而已。

果果第一次参加英语口语大赛，在家里准备得很充分——表情、动作、语音、语调都很到位，也很放松，还不断地优化排练。但到了比赛现场，因为紧张，所有提前准备好要优化的地方都没有表现出来，只是把最初他比较熟练的地方发挥出来了，不过最终还是取得了第一名的成绩。当他知道得第一名的时候，他特别开心，但还是很冷静地问："我表现得怎么样？"

我说："跟别的孩子比，成绩说明了你的水平；但跟你自己比，还有努力的空间。希望你能做最好的你，独一无二的你。"果果欣然地点点头。

果果去同学奇奇家玩

我去接他，奇奇弹钢琴

回家路上，我说奇奇弹得好

果果生气比较孩子

高年级同学做调查：
当你犯错误的时候，你的爸爸妈妈如何处理？
A、不管不问　B、跟别的孩子做比较　C、打骂

果果选B　　　答案设计有问题

D、讲道理

我反问：果果最喜欢谁的妈妈？

理解

跟自己比　　　　跟别人比

 果妈说：

比较不可避免，但方法要科学。

　　拿自己的孩子跟别人家的孩子做比较，这种情况在每个家庭中都不可避免。但我们一定要清醒地知道比较的最终目的是什么，那就是让孩子了解自身的优缺点，发扬优点，改正缺点，不断完善和

提高自己。若是比较得法，会给孩子带来积极的影响；比较不好的话，可能会带来消极影响，也很容易让孩子产生内疚和羞愧之情，感觉自己不如别人，产生自卑情绪，甚至让孩子产生逆反心理。

怎么做才能减少负面情绪对孩子身心造成的伤害呢？我的建议如下：

首先，家长要让孩子接受：比较是不可避免的。

其次，家长的心态要平和，要尊重孩子个体发展的差异性，了解每个孩子都是独特的，同时也要遵循孩子身心发展的客观规律，不盲目攀比，不拔苗助长。

第三，家长在比较孩子的时候，一定不能只是简单粗暴地比较评价孩子好坏，而没有具体的行动指导措施，这样不负责任的情绪宣泄，没有任何实质作用。家长应该在评价和比较的过程中，明确告诉孩子每次比较的具体目标是什么，并且帮助孩子认识到自己的优势和不足，然后和孩子一起有计划有步骤地实施改进，最终让孩子取得成长和进步。

第四，比较要科学。比较不宜频繁使用，作为一种衡量工具，阶段性使用，效果会更好。

同时，比较的方法，可以是跟别人比，也可以跟自己比，但无论怎么比，家长都要客观地看待孩子。孩子表现优秀，不能让孩子骄傲自满，孩子有不足，也不能灰心丧气。

最后，家长一定要深刻了解，每个孩子都是不一样的个体，让孩子做最好的自己才是我们的终极目标。

能量层级

著名心理学家 David R. Hawkins 曾分析了各类情感的能量层级，从最负面、伤身的情感，到最正面、滋润的情感。图示如下：

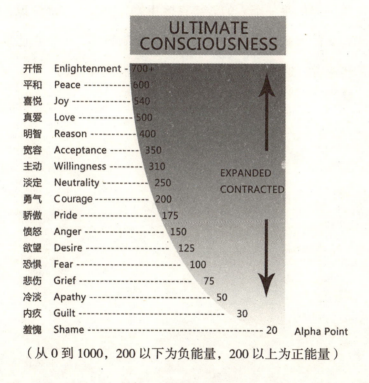

（从 0 到 1000，200 以下为负能量，200 以上为正能量）

从图示我们可以直观地看到：在所有的情感里，排在最低的不是愤怒、悲伤、恐惧，而是羞愧和内疚。David R. Hawkins 认为羞愧是一种严重摧残身心健康的情感，最终会让身体致病。勇气、淡定和主动等能级高于 200 的情感，能增强一个人的意志力，改善身心健康。

　　一个人的能级有时候高，有时候低。他的能级水平是所有这些时候的平均数。我们每一个人都有自己对应的意识能量层级，而这些意识能量层级决定着生命的品位、品质；能量层级越高，正面能量越大，获得的成功和快乐也就越多。

　　能级的起伏跟一个人的心境直接相关。所以，正确认识各种情感意识带来的影响，家长们就知道如何控制情感，做个正能量、高能级的传递者，这样才能熏陶出正能量、高能级的孩子。

19. 避免"家庭战争"
——不干涉他人"内政"

孩子的问题，经常会不知不觉之间导致夫妻之间的矛盾，但有时候多想一下，其实很多情况都是可以避免的。

有一次，我们一家三口出去吃饭。果果先吃完，坐在椅子上觉得无聊，就央求已经吃完饭的爸爸陪他出去玩。果爸在抽烟，不愿意活动，就回绝了果果。

果果一看爸爸拒绝了他，就转向还没吃完饭的我，撒娇耍赖让我陪他出去玩。我建议果果继续说服爸爸，并且告诉他只要动动脑筋，一定能说服爸爸。

果果觉得有道理，就回到爸爸身边说："爸爸，我听说吸烟对身体有害，让别人吸二手烟，对别人身体也不好。你是不是可以到外面去抽呀，那样就不会影响别人了。你觉得怎么样呢？"

果爸看了看果果，说："儿子说得对，我这就把烟掐灭。"说完把烟掐了，没有出去的意思。果果一看，说："我不是这个意思，我的意思是你可以到外面去抽。"果爸说："我烟都不抽了，就没必要出去了，我在这里坐着挺好。"

果果郁闷地转向我："妈妈，爸爸不出去。"

我说："继续说服他，妈妈相信你一定行。"

果果小脑袋瓜一转，鼓起勇气又说："爸爸，我听说'饭后百步走，能活九十九。'爸爸你这么胖，应该出去活动一下，有益健康。"

果爸："能活到70岁就成了，99岁就免了。儿子，我真不想出去。"

果果急了，说："爸爸，你爱妈妈吗？"

"当然啊。"他爸爸说。

"你要是不陪我，我就找她陪我，可妈妈还没吃完饭呢，她要是陪我出去的话，她不就饿着了吗？既然你爱他，你就替她出去呗。"

果爸无语了，觉得再不出去，还真有点儿坐不住了，就跟他出去了。

果果回头扮个鬼脸，开心地冲我竖起手指说："耶！"拉着爸爸的手就出去玩了。

看着他们远去的背影，心里感叹：像"谁带孩子出去玩"这样的小事，要处理不好，没准儿就会变成妈妈

和爸爸的"战争"。可能妈妈会说："你就陪孩子出去玩呗，抽什么烟呐，我还没吃完饭呢，你这个爸爸怎么当的？"等等。于是，争执就会不自觉地产生，影响心情，影响感情，而且次数多了，"分裂"的可能性都存在。

我的处理方法是：让孩子成为解决问题的主体。在孩子第一次在爸爸那儿"碰壁"，退而求其次去找妈妈时，哪怕这时候妈妈能够陪他出去，也坚决不能去，不能养成孩子这种"碰壁"以后就退缩的毛病。应该鼓励他，让他想办法，继续找爸爸，说服爸爸。相信孩子肯定有办法把爸爸说服。

其实，果果在这个过程中，找的理由都挺好，有些都上升到爱情的高度了。在生活中，家长只要给孩子机会，他们会自己想办法克服困难，孩子的能力其实是超出成人想象的。另外，当孩子在尝试一种新的方式方法时，家长应该多鼓励孩子思考、行动，帮助孩子获得成功。很多时候是我们家长扼杀了孩子成长的机会，代替孩子成长，所以孩子永远长不大，不敢承担责任。

我们家还有一个"5根小黄瓜"的故事：

有一次学校要郊游，姥姥给果果买了5根小黄瓜，装在书包里。果果一看，说：

"姥姥，我们小组有6个同学。"

姥姥接着说："没事，那你就自己先吃一根，其他的谁愿意吃，就分着吃。"

果果说："那不行，我们一个组的，要分享，咱们想想办法吧。姥姥，我们可以把黄瓜切成一小段一小段的，这样大家都可以吃到。"

姥姥说："还是果果有办法，我们多切几段，这样大家都能吃到。可5根黄瓜，切成几段才能平均分给6个小朋友呀？"

接着，果果和姥姥就开始计算怎么分黄瓜，活生生变成了一堂"奥数"课。

其实，当我听到姥姥最初的建议"让孩子先吃一根"时，我特想张嘴说：

"妈，你不能这么教育孩子，多自私啊。"

姥姥可能就会反驳："怎么了，本来果果爱吃黄瓜，我专门给他带的，再说也不是每个小朋友都喜欢吃黄瓜啊，没问题啊。"

这样，本来一根小黄瓜的小问题，就转变成了母女之间的矛盾和冲突了。

 果妈说：

孩子成长的优劣，决定了一个家庭的幸福指数。

生活中，家庭的矛盾、冲突大多数都是因为孩子的问题。倒不是孩子的问题本身有多严重，而是参与解决问题的人，因为不同的认知，不同的处理方式、方法，不同的价值观加剧了问题本身，于是一个问题没解决，又产生了新的家庭问题。这个生活中的"大怪圈"，使很多家庭矛盾重重，甚至分崩离析。比如：孩子生病时，可能会引发夫妻双方的争论、埋怨，因追究责任而吵架、不愉快；孩子学习不好时，也可能会引发夫妻双方关于谁对家庭的付出、贡献多少的大探讨，从而忽略了问题本身；孩子调皮捣蛋不听话时，还可能引发对对方父母无条件溺爱的大辩论……总之，孩子的一个小的问题，如果没有得到很好的解决，会直接影响到一个家庭的幸福和谐指数。所以，当家庭出现类似问题时，我们应该遵循以下几个方面：

1. 直面问题

客观、冷静，控制好情绪，不回避、不转移、不扩大、不泛化，有针对性地解决问题。

2. 确定主角

让孩子成为解决问题的主角，谁也不能抢"角色"、抢镜头，否则会乱套；"老"的问题没解决，"新"的问题又一大堆。家长辅助，提供支持。一定要让孩子知道，自己的事情自己办。

3. 鼓励肯定

及时鼓励、肯定孩子，让孩子更有自信，主动解决问题。

一家三口出去吃饭

果果和爸爸先吃完，希望爸爸出去陪他玩

果爸在抽烟，拒绝　　　　　　　　吸烟有害，出去抽。　　　　掐烟

　　　　　　　　　　　　　　　　爸爸胖，活动有益健康。　　不去

让我陪玩　　建议果果说服爸爸　　你爱妈妈吗？　　　　　　　✓　成功

联想

郊游，姥姥给买5根黄瓜

小组有六人　姥姥让果果先吃，剩下的再分

果果说要分享　建议黄瓜切段，都可以吃

5根黄瓜，切几段能分六人？　一起想办法

一堂奥数课

亲子关键词 ❀

原生家庭（family of origin）

是指父母的家庭，也就是自己出生和成长的家庭。家庭的气氛、传统习惯、子女在家庭角色上的学习仿效对象、家人互动的关系等，都影响子女日后在自己新家庭中的表现。

中国人常说："家家有本难念的经。"一项调查发现，平均每对夫妇每两天就要争吵一次。他们争论最多的就是有关子女的问题，如谁该照顾孩子、谁该教育孩子以及双方家长各自的坏习惯会给孩子造成何种影响等。

近代的婚姻家庭治疗理论，就是要解读这本难念的经，其中原生家庭的观念，是十分有效的角度。我们的父辈以及父辈的父辈还

很少有关于家庭教育知识的普及。他们凭借自然的父爱母爱，按照自己的方式抚养着子女。血水亲缘，父母心甘情愿付出，但毕竟因为时代和知识的局限，不少父母也会把不科学的教育方式和理念遗留在我们的"内存"中。每个人都要了解原生家庭对自己带来的影响，这样才不致于将原生家庭一些负面的元素带到新家庭去。参照原生家庭理论，重新调整、关照自己的内心，在自我觉察中成熟，这是我们身为人父人母觉悟的第一步。

原生家庭对夫妻相处，有六方面影响，大家可以对照看看，是否有原生家庭带来的影响，至今仍存在自己的行为模式或者夫妻关系中（参见弗里曼（David S.Freeman）在 "*Family Therapy with Couples-The Family-of-origin Approach*" 中的相关叙述）：

1. 应付框（coping frame）：我的家人是怎样面对压力的呢？我自己也是这样吗？

2. 模范框（modeling frame）：我的父母在相处上，给我作别人的丈夫或妻子留下什么榜样？

3. 角色框（role frame）：我在原生家庭中扮演什么角色？我是习惯要做决定的，还是听候别人的带领？这对我的婚姻生活有什么影响？我与配偶的角色能有弹性，因环境的需要而调节吗？

4. 定义现实框（definition frame）：我的家人怎样看现实？是悲观失望还是乐观？我的家庭有没有一些价值取向是我一直奉为金科玉律的？这与我配偶的价值观有冲突吗？

5. 倒转框（reversal frame）：我有什么行为、态度或想法，是刻意与原生家庭相反的？是想摆脱父母某些负面的影响吗？我有没有留意这些行为有时候会矫枉过正呢？

6. 效忠框（loyalty frame）：在我的原生家庭中，我倾向效忠于谁？这对我的婚姻有什么影响？婚姻遇到不快时，我是否会找其他家庭成员作联盟？

"家"是我们和孩子一生中关系最密切的地方，父母应该让"家"成为更温暖、更滋润的地方，这是作为父母的重要课题。孩子可以成为家庭成员改变自我的导师：因为孩子的成长，我们得以成长。孩子不断制造、提出问题，然后和家人一起去面对，在面对中醒悟自己，使自己成长、成熟。给孩子创造一个良好的家庭氛围，这将是我们作为父母，给孩子最好的礼物。

20. 家庭恳谈会

——家里也需要民主

我们家经常召开由我们三口人举行的"家庭恳谈会"，每次开完后我们一家人都挺高兴的，甚至有时候都有了治病的"功效"。

最近，果爸生病了。在照顾他的时候，我就想怎么能开导开导他，让他爱惜身体。可如果直接和他说，他肯定会说我啰唆，后来我给果爸讲了一则蝎子的故事：

有一只蝎子，掉进了水里。遇上得道高僧，把它救了上来，但蝎子咬了他一口。后来蝎子又掉水里，高僧再把它救起，蝎子又蜇了他一下，如此反复。旁边有一个钓鱼的人就说："真是不懂你啊，这是为什么？蝎子总是蜇你，你还救它。"高僧说："蜇人是蝎子的天性，我救它，是我慈悲的本性。"这时候蝎子又掉水里了，钓鱼的人拿着一根小棍，蝎子顺着小棍爬上来了。钓鱼人把蝎子放到了地面上，对高僧说："慈悲是你的本性，但是慈悲别人，首先要慈悲自己。"

　　果爸听完想了想说："我懂了，明白了，谢谢老婆。"

　　果果在旁边也说："我也知道了，就是爱护自己，才能爱护别人。"

　　果爸摸了摸果果的头，告诉他："说得真好。爸爸一定好好爱护自己。"

　　果果得到鼓励，也来了兴致，也给爸爸讲了一个故事：

　　有一个人工作特别努力，在人间很幸福，为社会创造了很大价值。忽然有一天累死了，他往天堂的道路走，被阻拦住，告知：你应该下地狱。他说为什么呀？我在人间做了那么多事儿，养活了很多员工，老婆孩子也生活很幸福。判官给他画了现在家里的情况：因为他走了，老婆不得不工作，儿子从贵族学校退学，年迈的父亲也要当门卫挣钱。

　　果果说："看吧，还得照顾好自己吧。"

　　果爸听完果果的故事说："感觉病已经好了一半了。"

　　我们一家三口都很开心地笑了。生活真美好，哪怕是生病，有爱你的人陪在身边，也快乐无比。

　　我们家这样的分享是常态化的，还会定期召开"家庭恳谈会"。

　　在会上，每个家庭成员可以把自己的烦恼跟大家分享，大家献计献策，解决问题，创造和谐家庭。

以下是我起草的某次"家庭恳谈会"的会议纪要：

地点：主卧大床上。

参加人：果果、果爸、果妈。

首先，果妈先发言，烦恼是：

做事时，总被人打扰。

果果提出的解决方案：

（1）告诉对方，请您别打扰我，好吗？

（2）提前把事情做完，要有预设。

（3）以牙还牙，以眼还眼，以暴制暴，让他尝尝被打扰的滋味。

果妈豁然开朗，感觉果果说得有道理。

果爸同意果果的观点，于是果妈的烦恼解决了。

接下来是果果。

果果的烦恼：邻班的小孩，每天跟果果一起上学、放学，他总是喜欢捉弄果果，让果果很郁闷。在学校里只要碰上果果，就过来摸摸捏捏，果果不喜欢，结果在一次逃跑中，差点把腿磕破。

果爸的解决办法是：告诉他家长。

果果说："已经告诉过了，不管用。"

果爸："建议每次都告诉。"

果妈建议："好好跟那个小朋友谈谈，告诉他，果果不喜欢这样。"

果果想了想，接受妈妈的建议并愿意尝试。

到了果爸，他说自己烦恼的解决方案果果已经给了，就是"凡事要有预见性"。

于是我们一家人品尝了果妈削好的水果，结束了会议。

大家一致表示这是个胜利的大会、圆满的大会。

通过这个会议，我们对果果有了新的认识。仿佛他不是7岁的小孩，而是自己的朋友，可以交流，可以谈心，还会出谋划策。

通过定期的"家庭恳谈会"，我越发体会到：在家庭教育中，要把孩子教育好，最关键的就是要处理好亲子关系。如果家长在孩子心中建立起了绝对的信任，孩子相信家长无条件地爱着自己，相

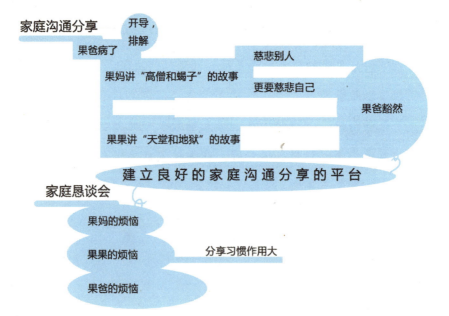

信家长所有的批评和表扬的出发点是为了自己好，孩子的潜意识里对此完全信任，那么这种亲子关系就是良性的，也是相互关爱、相互支持、相互理解的稳定关系。在这种情况下，所有教育孩子的事情，就变得最快乐、最简单。但在现实生活中，不少亲子关系都不够稳定，或者被扭曲，孩子并不能真正信任家长。那还何谈家庭教育呢？

这也就是"家庭恳谈会"的意义，"家庭恳谈会"的实质是建立良好的家庭沟通分享的平台。

 果妈说：

分享是学习的最高境界．家长要搭建好分享的平台．

家长跟孩子的沟通非常重要。很多有心理问题的孩子都是因为家长跟孩子沟通不畅，不能及时发现孩子的问题，不能对孩子进行疏导造成的。所以，这就要求家长要搭建好沟通分享的平台。要想养成分享的习惯，主要注意以下几个方面：

首先，即使再忙，家长也要每天抽出一点时间，哪怕是5分钟，问问孩子：今天在学校开心吗？有没有发生什么特别的事情或者有成就感的事情？有什么需要家长帮忙的？让孩子知道父母是关心他这个人，而不是只关心他考多少分。通过他的叙述，你可以了解孩子快乐的源泉、自信的原动力或对事物关注的角度和敏感度，最后养成一个善于观察、思考、分享、反馈的习惯。同时，也可以把自己的故事分享给孩子，这种经常性的对话，会让父母和孩子产生共鸣，也会引导孩子更积极地表达自己。从而促进家庭文化建设，让家庭成员之间的沟通更顺畅、更和谐，家庭凝聚力更强。

其次，家长要学会倾听。家长要给孩子表达的机会，营造沟通的氛围，在平等民主的环境中跟孩子交流。同时也要传授、示例分享的方法。只有当孩子感觉到父母是愿意跟自己分享，同时也能倾听自己时，孩子才会把家长当作朋友，跟家长说出自己的心里话。最后，家长要坚持给孩子做榜样，督导分享的持续进行。

我们一家在餐桌上经常会有各种内容的分享，有一次正逢中日关系紧张的时候，果果跟我们说了他听来的一个故事：

一个日本人站在指定位置，头上顶了一个苹果。一个美国人往前走了 50 步，回头一枪把苹果打下去了，然后说："I'm hero."

接着一个法国人往前走了 300 米，回头一枪，也把苹果打下去了，说："I'm Héroïne."

然后中国人往前走了三步，回首一枪，直接把日本人的脑袋打破了，然后说："I'm sorry."

说完我们三人都乐了。

然后他说："爸爸，你为什么乐？"

他爸爸说："你看中日仇恨有多深啊，把人家脑袋都打破了。"

他又说："妈妈，你为什么乐啊？"

我说："你看这个中国人忒笨了，只走了三步还把人家脑袋打破了。"

我接着问果果："你为什么乐啊？"

他说："他们三个人用的枪不一样。"

后来他还自己总结："你看我们都笑，但是笑点都不一样。"

分享是学习的最高境界，会不会分享是一个人学习能力强弱的标志。只有把知识学到自己头脑中，积累、思考、沉淀、提炼、内化，然后分享出来才能真正成为自己的"东西"。

只要家长能够搭平台、造氛围、传方法、巧引导、会总结、多表扬、可持续，就会养成分享的好习惯。

果果很小的时候，我们的"家庭恳谈会"是每天拿果果正在阅读的一本书，分角色朗读。现在他长大了，我们就一起分享讨论我们各自最近读的好书，或者全家共同读一本书，看完每个人谈感受。

在交流沟通过程中，通常我们会发现，三个人的看法及关注点截然不同。这样的阅读分享会给孩子一个体会：同样一本书，每个人在书里吸取的东西是不一样的。小孩子的关注点和大人的关注点不同，男性和女性的关注点不同，爸爸的关注点和妈妈的关注点都是不一样的。在这种家庭分享的过程中，孩子的阅读收获也不一样。

说到这里，也顺便说说家长的阅读习惯对孩子的影响到底有多大，跟大家分享一个很可笑的故事：果果很小的时候，有一天他爸爸睡着了，果果就爬到爸爸身上，把眼镜架在爸爸耳朵上，把书放在爸爸身上。在果果的心目中，爸爸的形象就应该总是在看书，怎么可能睡觉？

亲子关键词

民主、平等是家庭的基础

打造民主、平等的家庭环境，需要考虑以下因素：

1、对每一个孩子都一视同仁、公平公正；

2、对孩子不撒谎，说话算数；

3、父母之间要谦让，不要互相责备；

4、孩子的朋友来做客时，要真心欢迎，要给孩子面子；

5、对孩子不要忽冷忽热，不要乱发脾气；

6、家里要尊老爱幼，家长要为孩子做出榜样；

7、全家的大事决定前，要征求孩子的意见；

8、家里要搞一些文体活动，每星期最好共同玩半天；

9、父母如果有缺点，要允许孩子批评。

21. 妈妈，去哪儿

——旅行是一种建设

旅行的长度，由钱包决定；

旅行的宽度，由目光决定；

旅行的深度，由心灵决定。

行万里路，如读万卷书。

少年时候的经历与见识，对一个人一生的影响都非常大。

我们家一年中最少去一个国家，而且一定是三人同行。看到很多父母因为工作忙，只有爸爸或妈妈陪孩子出去。我们真的那么那么忙？连十天都抽不出来？其实还是我们对陪孩子出行这件事情的认识态度有问题。和孩子一起旅游，是一件快乐的事情。在旅行中会发现孩子平时发现不了的特点，会发现他跟别的孩子或大人之间是怎么沟通的，他是怎么跟大家合作的，他在团队里是不是很合群，他是不是愿意帮助别人……通过这个平台，还可以增进夫妻之间的感情。当我们在电视机前或电影院里看到我们曾经去过的某个地方，谈论着我们的旅行见闻趣事，真的是一件很幸福的事情。因为有一个共同的美好经历，回忆起来才会有这样的默契，这种感觉特别好！

　·我非常赞成孩子多接触外面的世界，不仅要多元化，而且也要有深度和广度。

　　但如果想要孩子的旅行有意义，最重要的一点就是要让孩子成为旅行的参与者，而不是跟随者。如果孩子是带着问题、带着好奇心去旅游的话，结果和意义肯定不一样。

　　其实很多家长都带着孩子旅行，只是家长觉得那个地方好，就领着去了。事先不做功课，过程中不注意观察孩子，旅行后不及时总结，最后旅行回来只能说，我曾经去过那里，至于其他的，什么也没记住。如果是带着目的、带着好奇心去用心设计和准备的话，结果肯定是不一样的。

　　学习的最好状态，就是充分调动孩子的各种感官，去感知，去体会。尤其是语文、历史这类文科的内容，更需要孩子们充分利用自己的全部感官，通过体验式的学习，在心里留下"刻骨铭心"的记忆。这种体验式的学习，更容易激发起孩子们对旅行中事物的好奇心和探究欲。我们带果果去过许多地方，比如俄罗斯、英国、美国等，他不仅弄清楚了这些国家的情况，甚至由此扩展到整个二战里面的一些故事和背景，也都弄得比较清楚。这样产生的结果和意义，肯定是大不一样的。从参与设计行程到做好各种准备，最后形成孩子自己的体验、感受，这就是一次非常好的旅行和学习，不仅是增长知识之旅，也是孩子的心灵成长之旅。

要想达到这些目标，最重要的一点是，在去旅行之前要赋予孩子任务。这个任务就是了解所要去的地方，其风土人情、文化习俗等，家长要指导孩子购买这方面的书籍、寻找相关视频，提前做功课。在我们家里，每次在旅行前，果果和我们都会先开家庭会议，一起协商旅行的目的地，然后分工协作做准备。因为我和果爸比较忙，其实大部分工作都是由果果来完成的，比如要去哪些景点，路线是怎样的，当地旅行攻略等。这些都需要果果提前做功课，查资料，计划好，然后再由果妈出面跟旅行社签合同，最后成行。

关于旅行目的地的选择，除了一些著名的景点和大家都喜欢去的地方，和孩子的学习和生活有联系的地方也是不错的选择。有一次，我到外地一所学校听了一堂初一学生的历史课，老师在讲到故宫的时候，就问："哪位同学去过，或者了解故宫，我这里有很多故宫的图片，谁能给同学们当一下导游？"结果，就有去过的孩子站起来给大家讲，说得非常好，既锻炼了孩子的表达能力，结合课堂上老师的讲解，又能更深刻地理解故宫的历史。我听完后就非常有感触，回家后立刻看看果果这学期或下学期语文课本上会出现的景点，比方说卢沟桥、颐和园等，历史课本上的大运河、丝绸之路等，根据远近，确定好合适的时间，计划带着他走一遍，感受一下。这样孩子去旅行的时候，行前自己有目标，会更直观地感受到作者所要表达的情感。等孩子回到课堂，跟同学们分享，也会特别有成就感，自信心也会更强。

在旅行的准备过程中，孩子能做的事也都尽量让孩子自己做。

今年暑假，我们的目的地是英国，孩子申请签证需要学校开准假证明，英国大使馆给了一个模板，需要老师盖上学校公章。准备和果果同去的一位同学的妈妈，就自己直接帮孩子办好了，还热心地告诉我该怎么办理。回家之后，我就告诉果果：

"在办理去英国的签证前，需要有一个学校开的准假证明，这是中英文的模板，需要盖章。"

他说："没问题，交给我吧！"

我就把两份需要盖章的证明，交给了果果。

第二天放学回家，果果很自豪地告诉我："妈妈，我开出来了。"扬了扬手中的几页纸。

我一看，不是英国大使馆提供的版本，赶紧问他这里面的原因。

"你开证明的时候，怎么找老师说的啊？"

"最开始，我就问班主任老师，我要去英国，需要开个准假证明，应该去找谁？"

然后老师告诉我，上办公楼的三层，找孙老师。

"找到孙老师呢，你怎么说的？"

"进去之后跟她说，我要去英国，要开份请假证明，然后就给她看我手里的两份资料。"

"孙老师看后说不行，学校不给开这样的请假证明，只能开学校的统一模板，不开别人给的英文模板。"

"那你是怎么和老师沟通的呢？"

"我说如果要这样的话，我能不能把请假证明的内容，拿 U 盘拷贝过来，然后用你的纸，盖你的章，什么都不用你费劲，可以给我开吗？"孙老师还是坚持只能开学校的统一版本。

"我觉得那就没办法了，只好拿了学校开的证明回来。"

"哦。"

"不过我还问了老师，如果我因为这个证明出不去怎么办，孙老师说了，都是这样开，没问题的。"

学校开的证明后来是可行的。但令我高兴的是，果果不仅解决了问题，还准备了备用方案。他不仅开了学校的请假证明，连后面的结果都提前和老师确认了，这样如果学校的证明有问题，还可以回学校继续办理。

后来，那位同学家长打电话问我，准假证明办得如何了，我就告诉她果果是怎么去开证明的，她说："我得跟你学学，早知道这样，我也应该让孩子自己去开了。"

如果父母习惯了替代，孩子也会偷懒。这其实就是一个习惯的问题。只有父母习惯了什么事情都让孩子自己去做，才能培养起来他处理事情、独立自主的能力。孩子的办法永远比大人多，不要总用自己的经验和看法来对待孩子。孩子自己的事情，跟父母没关系，都要自己去做。

在旅行途中，每当有空的时候，我都会拿手机给果果录一段"旅游访谈"：果果现在有什么感受啊？这次印象最深刻的事情是什么啊？印象最深刻的人是什么啊？通过这些提问，引导果果把他所看、所思、所闻、所想表达出来，每次果果都有很多感悟，也能讲得头头是道，这里面很重要的一个原因就是他提前做了功课，对旅行的目的地有充分的了解，是带着好奇心，带着目的来的，是真正用心在旅行、在感受。这个时候，我再根据他说的，进行一些补充和拓展；或者也和他分享我的见解，引导他把所看、所思、所听、所闻，用自己的方式表达出来。

同时，果果在旅行的过程中，每天都要写一篇游记，包括所思、所想、所感，用自己身体的所有器官，去体悟，去感觉，去和这个世界聊一聊，这样才算是一次完美的旅游。

下面是果果 7 岁的时候写的一篇旅游日记：

俄罗斯游记

2010 年 8 月 20 日

今天上午我们从莫斯科搭乘国际航班返回北京结束了 10 天的旅程。

我在俄罗斯最大的感受是：俄罗斯是个有魅力的国家。主要有这几点：1、艺术魅力。艺术魅力首先体现在建筑。俄罗斯的建筑风格主要有拜占庭式、巴洛克式、哥特式和罗马古典式等，这些建筑风格显现了沙皇时期的建筑艺术。然后就是油画。在俄罗斯各地都有博物馆，这些博物馆里陈列着俄罗斯各时期画家的作品。2、绿化。俄罗斯百分之五十以上都是森林。3、饮食文化。因为俄罗斯长期是冬天，所以人们就经常吃沙拉、面包之类的食物。比如一顿饭，先上开胃菜和面包，然后是汤和主菜，最后是甜点和饮料。他们的食物非常好吃。

我眼里俄罗斯也有不尽人意的地方，分别是：俄罗斯的鸽子粪特别多；俄罗斯办事效率低。另外，我还有一个惊人的发现：在看完叶卡捷琳娜宫之后，我觉得叶卡捷琳娜有可能是色盲。因为：只有色盲才能适应里面的金碧辉煌。总之我还是很喜欢俄罗斯这个国家的。

孩子稚嫩的话语里有着他自己的观点和理解。

另外，在旅途中，家长和孩子都会展现出最真实的自己。家长可以趁这个机会更好地了解孩子和自己，调整自己跟孩子之间的沟通模式。

上次去英国的时候，是我们一家，还有果果的小伙伴贝贝和佳佳以及他们的爸爸妈妈一起去的。到了大英博物馆，孩子们就先各自散开去参观了。

等大家都聚拢时，贝贝妈妈就说："贝贝，你给我讲讲大英博物馆里面都有什么，你最喜欢什么？"

贝贝说："木乃伊。"

"什么叫木乃伊？"

贝贝就答不上来了。

"你听解说员讲了吗？"

"听了啊。"

"那你怎么还不知道？"贝贝没接话，岔开话题，说要吃冰激凌。

贝贝妈就说："你去问问解说员阿姨，什么叫木乃伊，问完了回来，告诉妈妈，我再给你买冰淇淋吃。"

过了一会儿，贝贝跑回来，贝贝妈妈就问："什么叫木乃伊呀？"

贝贝说："你不是让我去问她吗，我问了啊。"贝贝的理解是让我去问，我去问了就对了，却不知道妈妈要的是答案，要知道什么是木乃伊。

贝贝妈当时火就大了，说："还吃什么冰激凌，问都没问明白。"

贝贝也很委屈，说："你说话不算话，你骗人。你让我问，我问了，问完了你还不给我买吃的。"两个人都很生气，谁劝也不听。

看这情况，我问果果，贝贝妈妈和贝贝之间的纠纷，你能帮忙协调吗？果果想了想说："我试一试。"果果把贝贝拉到身边，说："贝贝，你妈妈的意思是让你知道什么是木乃伊，不是问了就算完了。贝贝，你明白了吗？"

贝贝摇摇头，说："不明白，她让我问，我就问了。妈妈骗人。"果果一看说不通，着急了。就问另一个小朋友佳佳："佳佳，你说阿姨的问题是什么？"

佳佳也说："贝贝，你妈妈的意思是让你知道什么是木乃伊，不是问了就算完了。"

果果听到佳佳也这么说，就对贝贝说："你看，我和佳佳都是这么理解你妈妈的意思的。你现在明白了吗？"

贝贝看果果和佳佳都这么说，就低头："哥哥，我明白了。"果果问："那你说你妈妈该不该给你买冰激凌啊？"

贝贝说："不该，我只是去问了，但内容没问到。"

"那妈妈骗你了吗？"

"没有。"贝贝说。

再后来，贝贝和妈妈的问题就解决了。吃饭的时候，贝贝还给妈妈夹了一块肉。回到酒店里，我问果果，贝贝这个事情，他有什么感受。果果说："小孩子都是这样的，听不懂大人说的话。大孩子听懂了可以用小孩子的话告诉小孩子，这样就解决了。大人太大了，不了解小孩子，所以小孩子的事情让小孩子处理是最好的。"

旅行的好处多，旅行的方法多，下一次，你们将会如何和孩子安排你们的旅行呢？

旅行小贴士 ✿

旅行前的准备

确定时间：一般最少要在 3 个月前确定。

确定目的地：国外、国内、哪个洲、哪个省，聚焦到哪个国家、哪个地区、哪些城市。

确定旅行方式：跟团、自助、自己组团。

身体准备：出发前养足精神，各种小毛病不能拖，否则出发后小病会变成大病。

知识准备：当地的风土人情，当地的地理、历史、文化，当地的美食等。多跟孩子一起筛选书目，作为出发前全家共同学习的知识。急救知识也要适当涉猎。包括当地简单的语言，也要了解。

物品准备：身份证件、当地的货币、洗漱用品、常用药品、换洗衣物、手机相机等电子设备和充电器、转换插座、小零食、雨具、防晒用品等。

工作学习安排：提前做好作业，工作提前安排好。

生活安排：家里宠物植物安排，水电煤气等突发事件安排。

不可抗力发生应对：比如签证签不了，换其他地方旅行备选安排。

心理准备：让孩子成为参与者，不是跟随者。不包办，不替代，自己的事情自己做。

旅行中的注意事项

要跟孩子定规则：要有时间观念，一定要准时，注意人身和财产安全。

提前预习第二天的行程安排，做到心里有数。

充分调动感官来感受一个国家或地区的风土人情，家长随时观察孩子的言行举止，随时做出干预和调整。

饮食要注意，吃自助餐的时候，一定要控制。否则很容易积食，造成肠胃不适。

每日总结每天的所见、所闻、所感。

旅行归来做的事情

打电话报平安，讲见闻。

整理旅行日记、照片、视频。

调理饮食、清肠胃，倒时差。

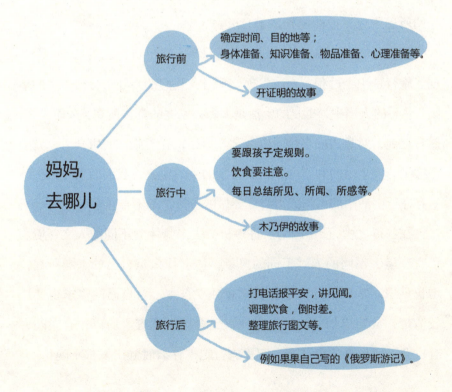

旅行是最好的沟通

有句话说"认识一个人最好的方式，是带他去旅行"。旅行也是一个审视、改善亲子关系、夫妻关系的好方式。在旅途中，彼此能直面最真实的自我，增进了解。如果能够合理安排旅行，不但对孩子的视野、经历有很好的帮助，父母也可以在旅行中与孩子对话、交换彼此的意见，增加了解。夫妻也可以趁此沟通，是很不错的家庭互动机会。孩子的视角和感知，与大人还是很不同的，我们也可以按照孩子的眼光，来重新发现原本习以为常的事物，更加理解孩子的所思所想，把话说到孩子心里去。

何为我们应该追寻的旅行？它不只是一次出行，也不只是一个假期。旅行是一个过程，一次发现。平时，我们都会处于自己习惯的事物、熟悉的人当中，重复的生活是大多数家庭的真实所在，久而久之，感官迟钝，对身边的事物习以为常。但是，有了旅行的机会后，就不一样了。换个时间和空间，摆脱日常的生活轨迹，我们会发现很多原本存在于生活中的束缚或者必须要做的事情，都不存在了。

在旅行之中，孩子因为有许多机会去亲身体验不同的人文环境、语言环境、不同的人、不同的风景，体会什么是自己的兴趣所在，增长见识。常旅行的孩子，会比较独立自主，对自己的需求也会比较清楚，会知道如何沟通、交往，也会更加宽容。所以，有时间，有机会，就想办法带孩子一起去旅行吧，什么时候出发都不晚！

课外学习与安全教育

现在的孩子从三四岁上幼儿园起就开始上各种课外班了。如果自己的孩子不学，恐怕都找不到小朋友玩，因为他们也都在各种班中。汗！

问题是，课外班琳琅满目，有音乐、美术、舞蹈、武术、跆拳道、围棋、足球等，当然还有英语、奥数、作文这些和孩子升学密切相关的科目。

这么多林林总总的项目到底学什么？怎么学？

除了"兴趣是最好的老师"这一前提外，果妈还有一些重要的经验和体会和大家分享。

22. 学围棋和去天文馆

——学习的兴趣和选择

孩子对世界充满了好奇，什么都想知道，什么都想学。

但孩子该学什么？该怎么学？这些都有学问。掌握不好，就会将孩子的兴趣一点点抹杀了。

一、学围棋

我下班回到家，4岁的果果正坐在沙发上津津有味地看动画片。我"明知故问"地"骚扰"他："果果在看什么呀？"

"在看动画片，你看，哥哥在下围棋。"

"什么是围棋呀？"

"不知道。"果果目不转睛地看着电视画面。

这是新上映的动画片《围棋少年》，果果每天都会准点守在电视机前追着看。我和果爸很奇怪：这么小的孩子，能看懂什么呀？

过了几天，果果很郑重地跟我和果爸说："我想学围棋，要像围棋少年江流儿一样。"看果果对围棋有兴趣，我和果爸商量之后，就给果果报了个围棋班。教围棋的老师是我的一位朋友，专业三段。

可是，学了没几天，果果非但没有学会围棋，人也没以前活泼好动了，变得闷闷不乐的。为了解情况，我决定跟着果果一起听一堂课感受一下。

结果我"意外"地发现了下面这样的情况。

老师："围棋棋盘，一共由19道横线和19道竖线组成。"

果果立刻数起来，果然横竖都是19行。

"真的哎，可是为什么棋盘有这么多格呢？"

……

老师没有回答，继续说："围棋棋子，放在这横竖交叉点上。"

"老师，为什么棋子不放到方格里？你看，棋子都盖住线了。"

"棋子不能放到方格里，要放在交叉点上。"

"为什么放在点上？"

"果果，这是围棋的规则，大家约定俗成的，一直以来都是这么玩。"老师有些语塞，不知道该怎么给果果讲。

看到这里我明白了。

下课的时候，果果拉着我的手，无精打采地说："妈妈，咱们回家吧。"

看着果果很沮丧的样子，我也有些后悔，不该这样冲动让果果去学围棋，4 岁的孩子要理解这些东西还是有些难度的。找老师的时候只考虑其专业水平，没有考虑老师的教学方法是否适合果果。我也心怀愧疚，每次送他过来，都是把果果送到教室就离开，从没关注过孩子上课到底是什么情况。

这是一个小"挫折"，也是教育引导的契机，如果处理不好，会严重挫伤孩子以后接触新事物的积极性。

为了不让孩子的自信心受到打击，我想来想去，买了一副军棋。军棋游戏规则相对简单，容易上手，果果学起来比较容易。

回到家里，我把军棋拿出来，"果果，看妈妈给你买了什么？"

"这是什么？"果果非常好奇。

"这个是军棋！妈妈小的时候经常玩这个，而且水平很高哦！果果想不想玩儿？"

果果有点犹豫，欲言又止。看来学围棋对果果的心理打击不小。"来，军棋很简单，妈妈教你玩儿。"

我边说，边摆开了棋盘，教给果果一些简单的军棋规则。

"妈妈，为什么司令可以吃掉团长？"

"因为司令比团长大呀！大的可以吃掉小的。果果，你说是大鱼吃掉小鱼呢，还是小鱼吃掉大鱼？"

"大鱼吃掉小鱼。"

"对呀，军棋也是这个道理，大的吃掉小的，司令可以吃掉军长，军长可以吃掉师长，具体顺序是：军师旅团营，连排小工兵。"

没多久，果果就对军棋着迷了。只要一看到我和果爸有空闲时间，就缠着我们跟他下军棋。

果妈说：

适合的就是最好的。

很多家长都会在孩子很小的时候，给孩子报各种益智兴趣班。这个时候家长一定要善于发现孩子的兴趣敏感期，要尊重孩子身心发展的规律和学习特点。同时，孩子不同时期对事物的接受程度也不一样，不能启蒙过早，否则无异于拔苗助长。一定要考虑到孩子的个性差异，了解孩子适合学什么最重要。

回头总结，虽然果果在 4 岁时就表现出了对围棋的兴趣，但由于围棋是一种比较抽象的智力游戏，难度较大，孩子很难理解游戏规则。相对来说，这个年龄段的孩子对于形象化的事物更容易掌握，家长可以从这方面着手，比如军棋的游戏规则就是大的吃小的，很形象，孩子理解起来就比较容易。建议妈妈多了解这方面的知识，以便有的放矢地教育孩子。

另外，孩子启蒙老师的选择也很重要。孩子和成人不一样，需要更多地激发他的兴趣，增强他持续学习的动力。不管教什么，首先必须努力唤起孩子的兴趣，唤起兴趣的最好办法就是用游戏的方式，用孩子喜欢接受的方式进行。就像下围棋，比起专业水平，老师的耐心和引导力更加重要。老师要有耐心回答孩子提出的各种问题，要善于发现孩子的长处并加以引导，调动孩子的兴趣和积极性，让孩子体会到游戏的乐趣，这样才能让孩子持续学习，从中得到乐趣和成就感。

二、去天文馆

果果很早就想让我们带他去天文馆，我一直没有答应。因为觉得他虽然对天文馆有些兴趣，但并没有特别想要去了解天文知识的欲望，这样去了可能随便逛逛也就出来了，收获不会太大。所以，在带他去天文馆之前，我想先把他对于天体运行知识的兴趣激发起来，可一直没有特别好的机会。

有一次，正巧我出差去美国，给他打电话。结束的时候，我对果果说："果果，晚安。妈妈要开始工作了。"

没想到，不经意的一句话，一下子激发了他强烈的兴趣。他疑惑地问："为什么你不睡觉，要工作啊？"

我说："因为你那边是黑夜，我这边是白天啊！"为了说明这点，我还特意拍了张太阳的照片，通过手机传给他看。

结果，他特别惊奇。对于 6 岁的他来说，根本就想不到，同一个地球，一个人正在过白天，另外一个人却处于黑夜之中。"妈妈，为什么呀？"我就跟他说："果果，等妈妈回来带你去天文馆看看，你就明白了。"

那段时间，果果天天问我什么时候回来。我每天没事就在网上搜索资料，了解天体知识，地球的自转、公转等，给他讲解。果爸为了更形象地解答他的疑惑，给他买地球仪，买书。逐渐的，他对学习星球、天体运动等知识的兴趣越来越浓厚。

这里面，还有一个小笑话。自从他知道地球还有自转这回事后，就追着爸爸问："我每天在地球上行走，为什么不晕啊？""地球是圆的，会不会站在了边上，掉下去？"等一系列的问题。果爸被问得没办法，又开始给他买《十万个为什么》。

等我回到家，带他去天文馆的时候，果果已经通过查资料、大量的阅读，把天体运行的知识都了解了一遍，心里已经有了基础，再到天文馆看现场的一些展示，印象和理解都特别深刻了。

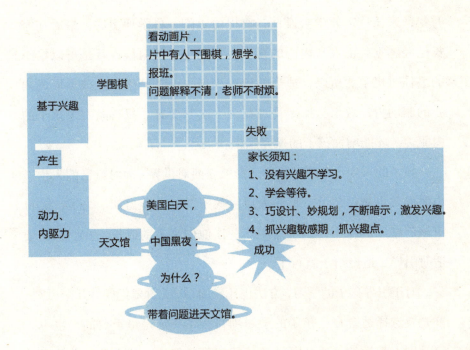

基于兴趣

学围棋

看动画片，
片中有人下围棋，想学。
报班。
问题解释不清，老师不耐烦。

失败

产生

动力、
内驱力

天文馆

美国白天，

中国黑夜；

为什么？

带着问题进天文馆。

家长须知：
1、没有兴趣不学习。
2、学会等待。
3、巧设计、妙规划，不断暗示，激发兴趣。
4、抓兴趣敏感期，抓兴趣点。

成功

果妈说：

兴趣是最好的老师。

很多家长，觉得是好东西就应该直接给孩子。比如，家长都觉得动物园、博物馆、天文馆、科技馆这些地方好，准备准备就带着孩子去了。到了目的地，经常听到家长对孩子说，要好好看，认真看，多了解些知识。结果却是孩子在边上蹦蹦跳跳，三心二意。往往最后达不到家长想要的效果。

家长想把最好的东西尽快给予孩子的心情可以理解，但在这个时候，家长一定要学会设计，要提前熏陶，科学地引导，最后在家长已经感觉到他发自内心的喜欢，特别想要的时候，就是可以给予的最佳时机了。所以，适当的延迟满足，给予刺激，让孩子形成内心的驱动力，效果会比走马观花去十次都要好。只有激发了孩子的内驱力，才能增强孩子的探究意识和兴趣。

孩子的一生，终究要靠自己去独立面对世界、面对自己的人生。小时候父母越位包办，那长大后，孩子的独立能力就消失了。父母应该起辅助的作用，孩子是主体，让他们来主动成长，我们只需要适时引导、适度给予就行了。

对于引导孩子的学习，方法也比较简单，关键要把握好几个原则：首先要选择适合自己孩子的学习项目，不一定是最重要的，也不一定是别人都学的，适合自己孩子的就是最好的。其次是激发孩子的兴趣点。兴趣是学习最大的动力，只要孩子主动需要，就成功了一半。另外，在激发孩子的兴趣时，家长要有预设，科学地进行设计、规划，将兴趣转化成内驱力，最终让孩子自动自发地去学习。

亲子关键词

内驱力

心理学名词，由心理学家 R.S. 伍德沃思提出。

人的内驱力可分为两大类：由饥饿等生理需要而产生的内驱力称为第一内驱力，又称基本的、原始的或低级的内驱力；由责任感、成就感等后天形成的社会性需要所产生的内驱力称为第二内驱力，又称社会的或高级的内驱力。一般说来，高级内驱力对低级内驱力起调节作用。不同的驱动力也带来不一样的结果。

外在的奖惩并不能真正地驱动一个人的内心世界，更不能激发其内在的核心力量。"人的一切成功，人的一切成长，是靠内心的力量。"

家长培养孩子就是要着重培养孩子发展完善自我的内心力量，这是教育的真谛。"教"是为了"不教"，是要通过教育让孩子有自己的内驱力，去思考去体验。

23. 踢足球受伤了

——安全教育要随时做，及时做

各种媒体上不断报道出来的一件又一件儿童安全受侵害的案例，让我们心有余悸，甚至毛骨悚然，心生寒意。

怎么样才能给孩子营造一个安全环境？

如何认识安全教育？怎样实施安全教育效果好？

果果一直在坚持的体育运动，就是足球。男孩子，多一些肢体对抗性的运动，比较好。踢足球的过程中，发生过很多事，但也慢慢塑造了果果这个小小男子汉。

有一次，果果踢完足球，给我打电话。

果果说："妈妈，我今天踢足球，流鼻血了。"

我："哦，那你是怎么处理的呢？"

果果："先找老师，老师不在。我就跑到水池旁边，洗了洗。右鼻孔出血，我举起左手，后来就止住了。"

"嘀，方法真科学，你这是在哪儿看到的方法啊？"

果果："《急救常识》里有急救技巧，然后就看到这个方法了。"

我接着问道："一旦是腿或者胳膊磕破了呢，你怎么办？"

果果："那我必须找老师了。"

"那要是找不着呢？"

果果："我就找人打电话，120急救。"

"哦，那这次流鼻血，你觉得是谁帮助了你？"

果果："平时学到的急救常识，关键时刻帮大忙了。"

果果学校很早就发了《急救常识》，当时我跟他爸爸让他好好看看，以备不时之需。当时记得他爸爸还曾跟他互问互答，在玩中学。

我说："你看，关键时刻还是《急救常识》帮了你一下，那接下来你怎么办呀？"

果果："回去之后，那本书还是要重新认真再看看，还是很管用的。"

等所有事儿问完之后，我才问："你鼻子怎么出血了呢？"他说是撞的。

"怎么撞的？"

果果说："别人带球的时候，我去拦截，没拦截成功，倒把鼻子给'拦截'了。"

"哦，这样呀。"

果果赶紧解释说："妈妈，踢球嘛，避免不了的。"

"妈妈理解，那应该怎么办，才能避免受伤呢？"

果果说："除非不踢球。不过我会尽量做好保护，让自己不受伤。"

我说："好吧，要学会在运动中让自己安安全全的。"

果果说："好的。"

这种事情发生后，相信很多家长的第一反应是问孩子怎么样了，怎么搞得鼻子出血了。我是先问孩子怎么处理的，再问怎么回事。任何一个孩子，受伤、遇到危险的时候知道怎么处理很关键。比如：让孩子知道受伤的时候可以找老师，找家长，叫120。另外，知道怎么处理后，还要学会尽量规避风险，防止以后出现类似的事件。这也是非常重要的。

前些日子飞机失事案件（韩亚航空飞机失事致两名中国女孩遇难），我是跟果果一起看的报道、视频。

看完后，我问果果："通过这件事情，你有什么感受？"

果果说："挺惨的。"

我说："那个女孩为什么会被甩出去？"

他想了想说："有两种可能，一是她没系安全带；另一种是她刚好坐在接口那儿，安全带系了，但是坐在椅子上，连椅子一起飞出去的。"

我说："那你觉得怎样才安全呢？"

果果说："一定要系好安全带。"

我说："是的。坐飞机时，空姐反复都说什么，还记得吧？"

果果："系好安全带，座椅要调直，收起小桌板，关闭一切电子设备……"

类似这样结合新闻时事的安全教育，在我们家里经常进行。

比如 2008 年汶川地震发生后，我们就去地震馆参加模拟自救演练。整整一天，果果拉着几个小朋友一起感受。水灾了，我马上带他去学游泳，原因是什么？自救。以前说果果你要把游泳学好了，这起不到什么作用，他不一定好好学，这次不一样。他看到发生水灾，好多人遇难，就知道要先学会游泳，起码有命在，就什么都在。

后来在媒体上看到一个案例：一个 17 岁的少女，因为送一个孕妇回家而断送了性命。看到这个新闻，我问果果：

"如果是你，你想帮助那位孕妇，会怎么做呢？"

果果说："可以给她家人打电话，让她家人来接，不能跟她走。"

"那要是就跟她走了，怎么办？"

果果说："别人给的东西不能吃。"

"为什么不能吃啊？"

果果说："只有爸爸妈妈在，才能吃。"

我说："对。遇到迷路的小孩，抱着垂危宠物求救的主人，看似不舒服的孕妇，正确的做法都是——报警＋联络家人＋在足够热闹的地方等待＋求医。千万不要送他们到指定的地点！"

果果很认真地听完我说的方案，大声地告诉我说："妈妈，放心吧，我都记住了。"

这样即时进行安全教育的结果是：

有一次，果果班里的一位同学生病了没去上学，说是颈部肌肉拉伤（脖子闪了）。

我问果果："为什么受伤呀？"

果果说："我已经问清楚了，他坐在车后面，没系安全带，追尾了。"

我说："你为什么问他怎么受伤的？"

果果说："我要是受伤了怎么办呀？我得问他为什么伤的，下次我就得注意，提前做好预防嘛。"

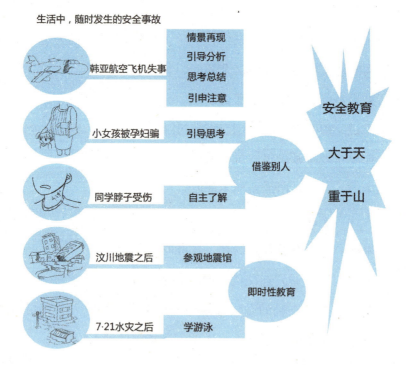

给孩子句号，不如给孩子问号

果妈说：

安全教育一定要随时做，及时做。

孩子安全最重要，没有安全，就没有一切。所以，在安全教育上花再多的心思都不多余，对安全提示进行再多次重复都不多余。就是要不断重复提醒孩子注意事项，防患于未然。所以安全教育一定要随时做，及时做。

在家庭教育中，安全教育应该注意什么问题呢？

首先，如果孩子发生了安全事故，一定要先了解孩子是怎么解决问题的，再问怎么回事儿，久而久之，就会给孩子灌输一个观念：无论发生什么事情，只要发生了，我们永远先想解决问题的办法，然后再分析原因，杜绝以后出现类似的状况。

其次，在看到别人发生了安全事故时，一定要帮助孩子，将别人的教训内化成自己的经验。让这些血淋淋的教训，成为孩子的前车之鉴。所以安全教育可以从一个个身边正在发生的案例开始。每一次身边发生的事故，都是一次好的安全教育契机，我们在唏嘘感叹的同时，要想到身边的孩子，抓住机会，跟他一起进行安全学习！

另外，在家庭教育中进行安全教育时，怎么样更有实效呢？

在对孩子进行安全教育时，最忌讳的是说教、恐吓、空泛，这只能造成孩子心理的紧张和焦虑，而于事无益。正确的安全教育应该是：对象明确，感受清晰；方法具体，能记会用；适时提醒或训练，固化成习惯，内化为有意识。只有让孩子清楚怎么做，记得住，做得到，做得好，有效果，安全意识才能成为本能，孩子才能从容地面对。

总的来说就是：即时教育＋情景教育＋具体可操作的应对方法。

亲子关键词

孩子安全教育小贴士

1.不吃陌生人的东西，不要与不认识的人搭话，不跟陌生人走，防陌生人跟踪。

2.过马路时要遵守交通规则，不能盲目突然奔跑；乘车时，不能站在车的前面或后面，车未停稳不得上下，上下车时要注意来往车辆。

3.路上碰到有人打架要远离，不要看热闹。

4.在外面受到伤害或受骗第一时间告诉家长。

5.有"高压危险"字样的地方坚决不能去，手湿的情况下不得接触电器开关。

6.发现盗贼偷盗东西不要随意吱声，在确保安全的情况下可告诉自己的大人。

7.过期的、发霉的、发馊的食物不得食用，以防食物中毒。

8. 背心裤衩覆盖的地方不能让别人碰。

9. 不要将身体的一部分放进狭小空间，如将手指往瓶子口里插，将头伸进院墙铁栏杆的缝隙，以免被卡住。

10. 不要随便玩笔，笔也可能变成匕首，误伤同学或者自己。

24. 学英语
——激发兴趣、创造环境和持续激励

曾经的"学好数理化，走遍天下都不怕"，如今要被学习英语取代了。

孩子学好英语，尤其是能够说地道的口语，已经成为很多家长的心愿。

果果现在能说一口流利的英语，与外国友人日常交流没有障碍，词汇量也很大，还在各种英语比赛中获得第一名或一等奖。

怎么才能让孩子学好英语呢？

请看果妈的分享。

抓住敏感期

每个孩子都是完全不一样的，就拿说话这件事来说吧，有的孩子1岁多就会说话了，表现得非常聪明。有的孩子呢，2岁了还不会说话，这时候当妈妈的就会很着急，这孩子怎么还不会说话呀？

果果就是这样，2周岁多了，才慢慢会蹦几个字儿出来，我当时很担心这孩子以后不会说话。然后又自我安慰：贵人语迟，不着急。

孩子成长的每个阶段都有敏感期，不同的时期对不同的事情敏感。目前孩子接受的教育，常常把所谓知识的学习，例如识字、数学，放在孩子敏感期还没有到来前开始学习，这样不仅没有效果，甚至会适得其反。就语言学习敏感期来说，大部分孩子是在 3 岁到 5 岁之间，但果果一直快到 6 岁才到语言敏感期。具体的表现是：会用各种词汇来表达，每天都有新鲜的词汇，比如"我狼吞虎咽地跑过来了"。不管他知不知道这个词语的意思，用得是否恰当，但他开始有运用词语的意识了。

这个时候，我觉得可以让果果开始学习英语了。不过，在让果果学英语之前，我做了大量的准备工作，以便充分调动起果果学英语的兴趣，让他有强烈的意愿想要学习英语。毕竟兴趣是第一导师，学习任何新事物，都要充分调动兴趣才行。

兴趣激发

果果平时喜欢踢足球，特别喜欢球星梅西，最大的愿望就是到世界杯的赛场上，给梅西加油，有一个梅西签名的足球。每每这时，我就告诉他："可惜呀，你们之间语言不通，就是去了也没法跟你的偶像交流啊！"果果有点失落，但从此也没再提这件事。

接着，我就带他看纯英文版的迪士尼的动画片，果果很喜欢看，但又听不懂，只能猜。所以他特别渴望知道电影里人物的对话内容。

有一次，果果问我："妈妈，动画片有没有中文翻译啊？"

我告诉他："很可惜，有很多好看的动画片，就只有英文原版的。"

这样一直坚持让他接触英文原版动画片和电影，只要有他可能感兴趣的，就带他看。

当时，碰巧有朋友去马尔代夫玩，拍了很多照片回来，我就带着果果一起看那些照片。果果边看边对我说："妈妈，太美了，我们也去吧！"

我说："可以啊，但我们语言不过关，也没法跟人交流，去了也白去啊！"

果果没吱声。

我知道，他的兴趣点又一次因为语言不通受到了打击。但显然他还是没有因此而想要学英语。

所以，我还是不断地找各种机会，刺激他……找美国的风光片给果果看，漂亮的拉斯维加斯、美丽的黄石公园……想办法勾起他内心对美国的向往，勾起他想亲眼看看美国到底是什么样的欲望。

终于有一天，果果忍不住说："妈妈，我要是学了英语，是不是就可以干好多事儿了？"

"当然了，可以看懂动画片，还能够带着爸爸、妈妈去国外旅游呢！"

"妈妈，那你给我报个英语培训班吧。"

他终于主动说要学习了，我一直在等待这个时刻。我顺着说道："好啊！要不咱找个老外教你？可能更地道点。"他点点头，开心地同意了。

纯英文环境

在语言的学习上，我最大的感受就是必须有一个环境。语言的学习主要是通过创设某些适宜的语言环境（软环境或者硬环境），来逐步培养孩子听、说、写、读的能力与习惯。孩子学习语言，主要是语感、语言内容、语言应用三个方面，其中最重要的是语感的培养和语言的应用，这都离不开一个好的语言环境。听、说、读、写，这是一个非常科学的学习过程，在孩子学习语言的过程中，一定要遵循这样的原则。所以，当时我就计划，等果果上完幼儿园大班后，花一年的时间把果果送到一个纯英文的环境里面专门学习英语。因为果果已经到了语言敏感期，正是需要刺激和开发的时候。

最后，在综合考量学校离

家的距离、学费、校长以及整个师资队伍的情况下，我们选择了一家国际幼儿园。在国际班里，全是英文环境，连小朋友间打架、告状也都得用英语。

任何一件事情都要有预设。如果直接就把果果送去国际幼儿园，面对一句中文也不懂的老外，果果要面临的压力和困难可想而知。所以，接下来，还得做好入园准备，让孩子自己产生兴趣，萌生强烈的学习欲望，这样他才会有克服困难的动力和勇气。于是我们承诺，在他幼儿园毕业的时候，我们带他到美国迪士尼去玩。我们唯一的希望是，到那个时候他能给我们做翻译。果果很坚信自己可以，也很开心地期盼着那一天的到来。

作业这么做

在做英语作业的时候，老师要求用"沉"和"浮"这两个词写3个英文句子。就这3个英文句子，果果折腾了一个晚上。

什么东西在水中浮上来？什么东西沉下去？

果果回到家，先接了一盆水，放在地上，把卫生间里的东西，凡是能找到的都往盆里扔：牙膏、牙刷、香皂……自己还拿了个小板凳，坐在那儿观察。牙刷漂上来了，香皂沉下去了，牙膏沉下去了……

牙刷不会写，就开始上网查，结果发现是 toothbrush，tooth 认识，是"牙"，brush 不认识，就猜，是不是"刷"的意思？确定是"刷"的意思后，那刷墙是不是 brush the wall？再查。如果 get、take 加在 the wall 前面，是不是刷墙的意思？又折腾一圈。

做完这些，他把水倒了，又重新接了一盆水，放到茶几上，把面巾纸、餐巾纸、苹果、苹果盘都扔盆里，又趴在那儿看。发现纸有的沉下去，有的浮上来。纸是不是 paper？然后又上网查，结果他发现，纸巾、面巾纸、卫生纸拼写都不一样。

最后果果又端了一盆水，拿到房间里去，把玩具车全往盆里扔，扔完之后又坐在那儿看，发现有的车沉下去，有的车浮上来。为什么有的车沉下去呢？因为是铁制作的。为什么有的车浮上来呢？因为是塑料制作的。他还一边看一边说着："塑料车浮上来，铁车沉下去。"然后开始写作业，写了 9 个句子。

后来我问果果："老师让写 3 个句子，你怎么写这么多呀？"

果果："老师说写 3 个句子，我也是写 3 个句子呀，只不过是 3 个不同的场景罢了。"

虽然这一次的作业，只是 3 个有关沉和浮的句子，但是对果果来讲，学到的可能是 50 个单词的量。

阶段目标设定

孩子学习，不是说把他送到一个好的学校，交给老师，写完作业就完了。这中间，家长也不能袖手旁观。

我每天开车送果果上学的时候，会给他听半小时 FM91.5 的英语频道。因为，在语言的学习上，我觉得每天持续不断的熏陶很重要。但又不能让孩子感到很无趣。所以，我就每天跟他做游戏，听着广播练习"抓词"，就是听见什么就说什么，我们比赛谁说得多，说得快。

每天就 5 分钟。刚开始，总觉得 5 分钟很快就过去了，还没玩够。后来果果就觉得没有挑战，也没意思，我就改成两个词，然后是词组，接着就是整个句子。到现在他每天早晨都会给我播报今天的新闻。

有了目标，才能形成专注的注意力，才能认真听，最终听懂。当然，对于孩子，要求太高也不现实，和所有的孩子一样，果果的注意力很难集中半小时，但是在这半个小时里，至少有 5 分钟他是在集中精力地听。每天能坚持 5 分钟，对孩子来说，这就足够了。

请大家安静，我要开始演讲了

果果在国际幼儿园毕业典礼上的表现，也可以让我们看到语言学习背后，自信、健康心理的重要性。

毕业典礼上，每人都要做一个 speech（演讲）。在一个大礼堂里，家长加上孩子，有五六百人。有的孩子上去说话都哆嗦，有的孩子说话声音很小，也有的孩子说了一半就忘词……

果果上去之后，下面还有人在说话、拍照等。"Keep quiet, please（请大家安静）。"结果，大家谁也没理他，果果就在台上等着，直到大家都安静了他才开始做演讲。演讲完，主持人还调侃这个孩子真特别。其实不是特别，是他很自信，也有自我意识。

果果幼儿园毕业的时候，按照承诺，我们带他去了美国，一路上都是果果全程给我们做翻译，问路、谈价格等沟通的事情，都让他来做。通过这个亲身的经历，在真实的语言环境中的对话，也能让他自己意识到，还有很多东西需要学习。

信心是不可少的辅助

语言是思维的外壳，从孩子语言能力的发展过程中，可以清晰地看到他们的思维水平、潜能在各阶段的发展。所以，对于孩子的语言学习，家长们要注意孩子语言的发展，以及这过程中表现出来的思维、心态以及自信心等。很多孩子到三四岁，还不敢开口说话，词不达意、语言组织能力有限，很大部分是因为心理的问题。心灵受到了压抑或者自卑，无法正常用语言来表达自己。这时候如果找不到好的办法，帮助孩子正确学习语言，解除孩子的心理问题，将会困扰孩子的一生。

果果学习英语期间，有一次经历，对他的自信心建立帮助非常大。

国外有一对魔术师夫妇在北京保利剧院表演魔术，我一个朋友带果果去看。表演有一个环节，需要有一个小孩上去做模特，这个模特会被"切"成两半。很多小孩都害怕，不敢举手。果果不但举了手，因为担心自己举手不会被选中，还直接站了起来。

魔术师首先看到了他，果果上台之后，魔术师说要给果果找个翻译。果果告诉他们说："不用，我英文可以。"老外非常高兴，告诉果果："你闭上眼睛就照我们说的做。"双方非常流利地用英语对话，配合得非常好，表演很成功。

结束后，魔术师夫妇送了他一件 T 恤、一个魔术棒，还有一张大海报、一束花。我去接他的时候，一堆小孩正围着他，果果特别自豪和开心。那是对他语言学习的一个肯定和激励，他内心的自豪感、自信心都被激发了。

幼儿园之后的课后班

果果国际幼儿园毕业了，我才发现，英语的学习怎么继续下去又是一个难题。学校里讲得很浅，吃不饱。外面的培训机构，跟他水平匹配的孩子都比较大，老师水平也良莠不齐。找来找去也没有合适的。在家里自学，又太孤单枯燥，还是要找一个环境、一群学伴。只有果果幼儿园的同学最合适。于是我就联络了几个家长，大家都有共同的感受，一拍即合，说干就干，攒了一个班，还起了一个好听的名字：We Learn。其实总共 4 个孩子。每周跟外教学习英语 6 个小时。

妈妈们有明确的分工。一个妈妈是国外留学回来的，曾在世界500 强公司工作，英文超棒，对教材教研非常熟悉，负责教研。这个妈妈是一个非常负责的妈妈，刚开始的时候，经常带着孩子们到各个英语机构试听了解他们的教材、教研体系，以此来比对我们孩子的水平和能力，然后找到国际上数一数二的教材出版机构，研究他们的设计理念，最后确定了适合我们自己的教材体系。同时她还非常努力地跟外教沟通，试教，筛选出适合的老师。她还会出现在每堂英语课上，对老师的教学和孩子的学习情况跟踪评估，每次上课后，都给其他几个孩子的英语学习提出针对性的建议和解决方案。为此，她还研发了一款测试单词的 APP，叫"疯狂切单词"，便于孩子们寓教于乐地掌握单词。真正做到了课前有设计，课堂有监督，课后有跟踪的有效教学学习模式。还有一个妈妈是模范妈妈，对照顾孩子饮食起居很在行，负责孩子们的生活，饮食营养又健康。另一个

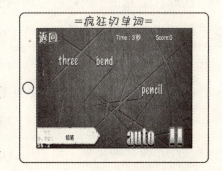

妈妈是搞艺术的，对孩子的文化生活安排得非常到位，这周去国家大剧院听音乐会，下周组织孩子们去博物馆。剩下我这个妈妈就把其余她们不管的事情全包了。

就这样持续地学习，四个孩子英语水平已经非常好了，在海淀区的一次比赛中，果果就拿了第一名。到了二年级的时候，跟他们学校的同学一起参加北京市的比赛，得了团体第一名，可见效果是非常明显的。四个孩子的口语水平与词汇量都接近高中生的水平了。

现在，果果已经不满足于英语的学习。他想去法国，所以又开始了法语的学习。语言的学习对他来说是一种乐趣，他觉得自己擅长，也很乐意去学。

我就是不放弃

今年暑假，我们一家三口在伦敦机场托运行李。我当时只想到超重的问题，觉得只要不超重就行。所以我准备了四件行李，其中有一个电脑包最小，里面装的都是果果的物品。有果果在英国买的水晶球、果冻布丁，还有他用的沐浴露、洗发液、小牙膏等。等到了机场我们被告知，3个人只能托运3件行李，我就把最小的包背在身上。过安检时，自然没有通过。当工作人员一样一样地拿出来这些小东西时，果果眼巴巴地看着，特别舍不得。

我和果爸都知道这是惯例，没有办法，只能放弃。我特别自责，这些小东西都是果果一路上用自己的零花钱精挑细选的，因为我的疏忽，让他带不回来。果爸就安慰我们："没事儿，这些东西你就当没买过。"果果在旁边站着，眼泪都快要掉下来了。

突然，果果走上前，用英语跟安检人员不断地沟通，不断地交流。过了一会，那个安检人员将所有的小东西都重新装包，又过了一遍安检，我和果爸以为有转机了，结果看到安检人员对果果耸耸肩，说不行。接着他们又重新沟通，之后那个安检人员就领了一个人过来，果果又跟那个人沟通，那个人很快地摇头，说不行。

果果还是不放弃，又接着跟最开始的那个安检人员沟通，那个人很无奈，又找了一个应该是更高级的主管过来，果果又开始了新的沟通。他问了下情况，让我们把护照拿出来。接下来，具体的情况就完全是果果和他沟通了。最后，这个领导领着我们到了一个快速通道，单独再过安检，然后重新托运。果果终于顺利带回了心爱之物，别提有多开心啦！

事后，我和果爸感慨：这事如果发生在我和果爸身上，肯定就放弃了。一个是语言的问题，另一个就是国际惯例，我们肯定不会想着去争取或者沟通。

但在伦敦机场，果果给我们上了生动的一课。任何事情，都有可能。

回来的飞机上，我们问果果是怎么做到的。他说，英语要好，再就是不能放弃。只要去争取，肯定有机会。虽然这次有些侥幸的成分在里面，看他是个小孩，本身就让人不忍心拒绝，再就是这么小的孩子语言这么好，也是比较讨喜的，让人不忍心拒绝，想帮助他。但偶然中也有必然的因素。等果果再大一点儿，遇到社会约定俗成的条条框框的时候，是不是也会去沟通？会不会去争取？我想答案是肯定的！

学 英 语

前提
良好的语言环境：语态、内容、应用。
抓住语言敏感期

实施
挑选幼儿园；
看世界杯；
看原版美国大片；
构思出国旅游。
激发学英语兴趣，产生强大动力

典型

"沉" "浮"
造句做实验，——搞清楚，超额完成作业。

听听 FM91.5
英语频道，训练注意力，听说比读写更重要。

毕业演讲
有个性，发言时要求安静，建立自信心。

魔术表演
抓住机会，充分使用英语，完美展示，自信，个体意识培养。

机场安检易碎品被扣
不放弃，英文沟通，成功通过。

英语口语比赛
一等奖，通过生活中的训练，口语最好。

总结
抓住语言敏感期，千方百计促兴趣。

果妈说：

激发兴趣，关注关键期，即时引导，让孩子养成自主学习能力。

英语的学习对于很多孩子来说都有难度，毕竟不是母语，没有学习的环境。如果没有兴趣的激发和持续的学习，很难学好。孩子做事三心二意，最难坚持，这中间需要妈妈多用心，时刻关注孩子的变化，注意孩子的成长敏感期。

敏感性是孩子在发育中独特的特征，每一个敏感期都对应一个特殊的敏感性，但这只是暂时性的，一旦获得某种特定的品质或者技能后，这种敏感性就会随之消失。所以，敏感期是孩子发展的一个至关重要的因素，蕴含了巨大的潜力。如果没有给予适当的刺激和引导，让这些潜能爆发出来，就会错过或者永远丧失机遇。

从另一个方面来说，孩子到了语言的敏感期，也是对家长的一个考验。因为不同的孩子，语言敏感期的表现也会有所不同。如何根据孩子的敏感期，给予正确的引导和刺激，抓住这些关键的成长阶段，非常重要。比如我，就时刻关注孩子的成长，适时激发孩子学习英语的兴趣，选择合适的幼儿园，为孩子的能量爆发提供一个合适的环境。在孩子学习的过程中，也投入进去，陪着孩子学习，引导他的学习兴趣，使他保持持续的学习热情。这些都需要妈妈在中间起引导作用，直至培养出良好的学习习惯，优秀的自主学习能力才是最重要的。

亲子关键词

语言发展的关键阶段

"敏感期"——心理学名词。

人类的某种行为和技能、知识的掌握，在某个特定的时期发展最快，最容易受环境影响。如果在这个时期施以正确的教育，可以收到事半功倍的效果；而一旦错过这一时期，就需要花费很多倍的努力才能弥补，或者将可能永远无法弥补。

儿童发育的语言敏感期

1岁~1岁半：会使用简单的字或词表达，能够说明自己的想法。

1岁半~2岁：喜欢唱歌、听童谣、看书本，大约24个月时能使用简单的词语说句子。

2~3岁：喜欢听人读书、童话、童诗，有些音节仍发不准，但词汇量及复杂结构的句子掌握程度大大提高。

3~4岁：能用语言传达抽象的想法，如喜欢、不喜欢。可以讲简单的故事，喜欢无实意的笑话、发音游戏等。

4~5岁：注意字的存在，想了解字意。游戏时会用语言和伙伴交流、合作。

5~6岁：喜欢笑话、听故事、读故事，会运用抽象词汇，对时间概念掌握十分清楚，年龄、性别、家庭住址等都能准确说出来。会围绕主题讲述，能够用语言描述过去与未来的事。

25. 学习乐器
——学习中的策划与管理

坚决不能让孩子输在起跑线上，大家都在学一门乐器，我家孩子也要学。

但学什么？怎么学？学习的目的和目标是什么？这都值得我们做家长的好好思考。

果果 6 岁开始学习乐器，到现在已有将近 3 年的时间。他现在已经是学校乐团里某个声部的声部长了，同时，也是学校管乐团 A1 队的队员。如果顺利的话，他会在明年夏天随学校的乐团去国外参加比赛。很多好的中学对他也很感兴趣，希望以后升学时，果果能够考虑他们学校。

不过，果果学的并不是常见的钢琴、小提琴，他学的是比较冷门的乐器，这是为什么呢？

果果的音乐敏感期大概在 5 岁左右，在那段时间，他特别喜欢听电视里的歌，音乐只要一响，他就挥着小胳膊跟着节奏打拍子，或者跟着节奏兴奋地扭动身体。他以前在家里不屑一顾的玩具小号、小鼓，经常被他搬出来吹吹拉拉，敲敲打打。我们只要出门，一上车，他就会打开广播，调到音乐台，跟着电台里的音乐，兴奋地张牙舞爪。这个时候，我们感觉到可以考虑让孩子接触乐器了。

但是，在让孩子学习乐器前，我们还是做了很多准备工作。

首先是学习目标。

音乐不仅是一种美的艺术，还可以刺激大脑皮层活动，促进孩子的智力发展。学习音乐无疑是一件好事，但孩子到底为什么学乐器，需要提前做好定位。是以后要走专业路线，还是有一定音乐素养的业余路线？是为了小升初特长加分，还是没有明确的目标只要孩子喜欢……这些，家长一定要思考清楚，因为你的目标直接影响到孩子选择的乐器和培养方向。

学乐器这件事，在我们家里，通过家庭会议讨论，我们一家三口达成的一致目标是：

希望通过音乐的学习，培养起良好的音乐素养，果果能收获对美的感知，做事情能坚持、有毅力。

同时，希望果果能加入到乐团里，提高协作能力，竞争意识和荣誉感。

乐器的选择上，希望孩子能选择比较冷门的乐器，一方面学的人少，竞争力不大，另一方面希望这种冷门乐器能培养孩子的配角意识。

明确这些目标后，下一个重要事项就是要选一种乐器。因为我们都不是音乐专业的人，所以自然要找专家帮忙。我们通过熟人找了这方面的专业人士，来给我们专业的建议。专家告诉我们，每个孩子都是有差异的，年龄、性别、身体发育、个性特点、家庭经济实力、居住环境等对选择的乐器种类都会有影响。根据我们拟定的目标和果果的条件，专家最后帮我们选定了一项乐器。选的乐器是很冷门的乐器，我们以前也都没听说过，但却是任何乐团里都不可或缺的，也适合男孩子。一句话，这个乐器满足我们的所有要求。

确定好乐器后，首先还是要激发孩子的兴趣。

如果孩子有兴趣了，喜欢上这门乐器，愿意主动地学习，这样再开始学习才能有好的结果，如果孩子对这个乐器不感兴趣，恐怕我们还得重新选。这样，我和果爸开始留意起相关的演出资讯，隔三岔五便带孩子去听。刚开始，孩子好奇，在场子里跑来跑去的，后来慢慢地能坐下来听完，在最后演出结束的时候还会跑到台上去摸摸琴，跟演奏者交流一下。慢慢地，在电脑上、在音像店里，果果开始留意并寻找这类乐器的演奏。我和果爸知道，可以让他开始学习了。

接着，带果果去乐器店里买乐器，又找了一个果果喜欢的亲和力、耐心都比较好的姐姐型老师。

到这里，可能很多家长觉得，好了，我们该做的都做完了，接下来就看孩子自己学了，其实后面还有很多事是需要家长参与的。

老师和乐器都定下来了，但是我和果爸有个担忧，就是怕果果坚持不下来。我最直接的想法就是帮果果再找一个小伙伴，因为一个人的学习是孤独的，有人陪伴就是坚持下去的力量。为了帮果果找同伴，我和很多果果的同学、同院小朋友的父母都谈过了。最后，一个果果同学的家长同意这两个孩子一起学习，于是开始了 1 对 2 的乐器学习之旅。接下来，果果姥姥的陪伴起了很关键的作用，因为我和果爸比较忙，没时间，这个重任就落在了姥姥身上。姥姥非常认真地督促果果记笔记、练习。

不过，在学习过程中，展示机会才是最有效的激励。任何一种乐器的学习，都是枯燥的，只有融入到组织里，跟各种乐器汇合到一起，才有美妙动听的乐章。

果果的学校恰恰在他们二年级的时候开始招收管乐团的学生，因为他们的乐器比较冷门，所以这两个孩子都进入了管乐团。还记得第一次参加合奏后，果果兴奋地跟我说了半天，他从中感受到了音乐的魅力、音乐的力量。而管乐团的机制也激发了果果学习的热情。管乐团分为 A1 队和 A2 队。A1 队是以赛代练，A2 队是以练代学，所以不知不觉中，孩子的节奏感、音准、水平在一个团队中得到了很大的提升。果果练习的时候也积极主动，因为他知道，他们是一个团队，要是有一个音符错了，整个乐团的声音就会不和谐，他不能给团队带来麻烦。另外，如果要参加比赛，也需要竞争，只有最优秀的同学才能参加比赛。这些对果果的刺激还是比较大的。

而且，学乐器还有了意想不到的收获。最近，管乐团的老师告诉同学们，学校外聘了一个外籍指挥，本来不关注其他乐器的果果，竟然把管乐团所有的乐器名称都用英文翻译了一遍。这样，在外籍指挥来的时候，他已经能听懂外籍指挥的语言，并能熟练地跟指挥进行交流。看到他在主动翻字典，学习乐器英文词汇的时候，我感觉很欣慰。

乐器学什么？

家长要确定目标	请专家指路	科学预设，孩子主动喜欢学。
培养音乐素养？目的为何？	根据孩子自身条件，科学选择。	不轻言放弃，坚持就有效果。

果妈说：

决策要科学，坚持要有方法。

只要家有琴童，就都会有很多的酸甜苦辣。最重要的是，无论孩子最终学得如何，我们都不能忘了我们最初的目标：我们为什么要学乐器。其实很多时候，恰恰是因为我们很盲目，所以生活也会给我们一个纠结的结果。

果果学乐器的时候，还有个小插曲：果果学的乐器太大，每天学校、家里搬来搬去的很麻烦，我就找了一把二手琴，这样家里一把，学校一把，省了搬运的力气和时间。当朋友把二手琴拿给我的时候，我问朋友孩子为什么不学了。朋友说搬来搬去太麻烦，坚持不下去，最后放弃了。朋友也问我家里都有琴了，为什么还买？我说就是因为搬来搬去太麻烦，所以家里一把琴，学校一把琴，这样省心省力很好。朋友恍然大悟，感慨地说，早知道还可以这么做，我们就不放弃了。

其实放弃与否只在一念之间，主要是妈妈和孩子要明确目标，目标确定了，就要想办法让孩子坚持下去。如今，果果在管乐团，虽然仅是三年级的学生，却已经被市里多个重点中学提前预订了，老师点名要招他到他们学校的乐团。

大家都觉得小升初竞争很激烈，想通过特长选一个好的学校，但是如果盲目学乐器，就很有可能把孩子带入了一个"红海"——很多人在学，机会少。如果有科学的设计规划和方法，让孩子去学习一门乐器，可能给孩子带来一个"蓝海"——在新的天空，让孩子有机会施展才华，这样才会事半功倍。

孩子在成长过程中，每件事情的开始，都是一个培养孩子能力和品质的重要机会。通过果果乐器的学习，我认识到，哪怕他最终专业能力有所欠缺，但只要他热爱音乐，能主动坚持，愿意跟其他同学合作，把音乐作为一种享受，甘当乐团里的小配角，我觉得这些就足够了。

亲子关键词 🌸

音乐是孩子终生受用的礼物

法国文豪雨果曾说，开启人类智慧宝库的钥匙有三把：一是数学，一是语言，一是音符。音乐是流动的情感艺术，在人类还没学会说话的时候，就会用声音的高低、强弱等来表达自己的情感或者传递信息。

教育学家认为："音乐是思维的源泉，没有音乐教育，就不可能有合乎要求的智力发展。"科学家、艺术家都把音乐作为提高修养，启迪灵感和创造力的重要手段。一项调查表明，音乐能带给孩子丰富的情感体验，从婴儿起就开始接受并喜欢音乐的孩子，会变得更加善良和诚实。

我们应该抛去功利的想法，让孩子真正享受音乐带来的情感体验，让孩子懂得欣赏音乐，这是一份终生受用的礼物。

附录

解决孩子问题，一切从提问开始！

　　相信妈妈们看了本书，都对书中我和果果之间一问一答的沟通方式印象深刻。果果成长过程中，我最主要的功能和做得好的地方，就是不断提问题，帮助他认识身边的人和事，处理遇到的事情。目前看来，结果都还不错。遵循孩子的成长心理，有效地提问，不放过任何一件可以深挖的事情，舍得"浪费"时间去陪伴、去等待。

　　妈妈要做到会提问，首先自己要知道如何提问，知道怎样提出优质的问题。你想从孩子那里得到什么答案，取决于你提问的方法。

　　在前言中也提到过，我主要从信息层提问、问题层提问、解决层提问、影响层提问四个层级出发来提问，然后再辅以封闭式、假设式、比较式等提问技巧。通过这样的提问和沟通，培养孩子的换位思考能力、自我认知能力、独立思考能力等，在提问中引导孩子解决问题，促进快乐健康成长。

提问的四个层级，在这里给大家做一个具体的讲解：

第一个，信息层提问。这包括在什么时间、地点，发生了什么事情，结果是什么，有什么表现和收获，需要什么帮助等。这个层面家长要掌握一个原则：共情。如果孩子在幼儿时期，则需要家长进行封闭式提问，比如：你觉得这个东西好不好，你喜欢不喜欢等。

第二个，问题层提问，这需要家长有一些专业的知识背景，比如书中"爱心义卖"故事中的市场营销知识，因为果妈了解这些知识，所以才会知道怎么提问，怎么引导孩子明白这些知识。家长还要有点心理学知识，了解孩子的心理活动。比如问孩子：你有什么问题吗？这事为什么会发生？发生了你有什么感觉？引导孩子积极思考，活跃思维，孩子往往会带给你喜出望外的结果。

第三个，解决层提问。这主要是方法论。故事里介绍得比较详细，比如"小小'公德监督员'"故事中"转移注意力"的方法，就是问孩子有什么方法解决问题，后果是什么，你希望我做什么，如果解决不了怎么办？解决了又怎样？引导孩子自主寻求解决问题的办法，这样往往孩子的印象特别深刻。

第四个，影响层提问。对于孩子已经经历过的事情，引导孩子进行归纳、总结、传播、分享。比如"沙滩上的'拳头'外交"这个故事，妈妈就提问了好多问题，引导男孩子明白不惹事、不怕事，遇事要担当，对人要包容。

做妈妈的最高境界就是提出有效的问题，来正确引导孩子学会独立思考。大部分家长可能都会停留在信息层提问，针对具体问题，没有用心去彻底挖掘，引导孩子思考。如果缺少了解决层和影响层提问，孩子就不会明白道理以及事物背后的规律。经过一层又一层的提问，孩子才会理解问题所在，会举一反三，自己解决问题。

大家可以再对照着看下"丢了的书包会回来"以及"沙滩上的'拳头'外交"这两个故事，看看我和果果在对话过程中，如何灵活运用"四级提问法"进行有效提问，又是怎样一步步提问，引导他解决问题：

例1"丢了书包会回来"：

首先，四级提问法的第一层级："信息层提问"，要求我们尽可能全面地了解发生了什么事情，由于我和果果共同经历了丢书包的全过程，所以不用在这个层面进行提问。

之后就到了"问题层提问"，这个层面要求我们了解孩子遇到的问题及情绪。面对已经在大哭的儿子，我很理解他的心情，这个时候首先要做的是等待他的情绪发泄出去，否则处在悲伤中的孩子很难听进大人说的话，这就是为什么很多家长在孩子哭闹时用语言不停地劝阻，孩子却越哭越厉害的原因，因为你在破坏他正常的宣泄过程。有些时候，家长需要一些小技巧，来转移孩子的注意力，比如我没有责备他，也没有安慰他，而是陪他一起哭。孩子注意到了我的行为，强烈的好奇心加速了他平复情绪的速度，同时也让他对自己哭的行为进行检查，得出"书包是哭不回来的"这个结论。

接下来到了最关键的第三层级，"解决层提问"，这里要求我们家长在为孩子提供支持的同时，引导孩子自己想出解决问题的方法。果果要找车牌号，我马上提供了发票，他在上面找到了电话，由此想到了把书包找回来的办法。这时候，他向我求助让我帮他打电话，我该怎么做呢？想必很多家长要么亲自打电话，要么生硬地让孩子自己打，但我又开始提问了。通过假设可能发生的情况，让孩子得出"需要自己来打这个电话"的结论，既没有中断他自己解决问题的过程，也不会影响和孩子的关系，使他产生抵触情绪。接下来通过进一步的追问，果果又得出了要给司机叔叔钱和以后要当好人的结论，说实话，这也是让我觉得非常意外的收获。

书包顺利地找了回来，这时候就要趁热打铁进入"影响层提问"了，这一步要让孩子归纳总结经验，并且将自己的思考传播给他人，这样孩子的印象更加深刻。我的提问让果果重新回忆了书包从丢失到找回来的全过程，他明白了在这个过程中自己需要注意的事情（下车时仔细检查自己的随身物品），也明白了再发生这样的问题应该怎么做（打车一定要索要发票，这样丢了东西可以打电话找回来）。在开心地和家人分享自己的经验以后，果果的自信心得到了提升，他非常相信自己有解决问题的能力。

孩子在成长过程中会遇到各种各样的问题，家长要仔细思考一下自己应该充当什么样的角色。我们有义务告诉孩子什么是对的，什么是错的，但我们决不能代替孩子来思考。在发生问题的第一时间，如果你的做法是冲上去帮他解决，那么孩子以后遇到问题也会等着你去解决，而如果你给他机会，给他信任，引导他自己想办法，你的孩子总会带给你惊喜。

例2 "沙滩上的'拳头'外交"：

"拳头外交"事件不仅是我帮助儿子解决问题的过程，更是果果帮我在思考男孩儿教育问题的过程。

首先在"四级提问法"的"信息层提问"，我了解到儿子来告状，是因为被大孩子欺负了，这是男孩儿成长过程中很普遍的一件事，说大不大，说小却也并不小。我很开心他第一时间找到我，说明果果对我非常信任。

所以在"问题层提问"时，我一边帮他拍掉身上的沙子，让他感受到妈妈的关注和支持，一边问他的感受。果果由感觉不舒服，得出的结论是：不会欺负其他小朋友，尤其是女孩子。

那这件事情应该怎么解决呢？在"解决层提问"中，我提出了"你准备怎么做""需要妈妈做什么"的问题，我不知道果果的办法会不会成功，但在评估他的办法没有太大危险后，我表示支持他的决定。果果的第一次尝试并没有奏效，这次他没有继续向我求助，而是换了一种办法解决了问题。

事情结束后，我把这次的"影响层提问"留给了自己，从这件事里，我的归纳总结是什么呢？在男孩子被欺负的时候，大多数家长是很矛盾的，我们既要教育孩子以理服人、和平解决问题，又不想眼睁睁地看着孩子被欺负。

我个人认为男孩子打架是无法阻止的成长行为，我们要让孩子知道欺负别人是不对的，但是同样重要的是也要学会保护自己。在保护自己的时候难免动手，这里不会只赢不输，但即使输了，家长也尽量不要干预，要让孩子明白，在实力悬殊的时候，躲避也是一种对自己的保护。

打架是男孩子之间一种独特的交流方式，有时，孩子们的感情也产生于此。作为一个妈妈，我不支持也不反对打架，只要没有大的原则性的冲突和伤害，我不会出面阻止，只是在过程中我要告诉孩子，打架是你的事，你要对自己的行为负责。

常言道：学起于思，思起于疑，疑解于问。提问是一门艺术，妈妈精彩的提问是诱发孩子思维的发动机，是撬动孩子思考的支点。孩子在成长过程中会遇到各种各样的问题，家长要仔细思考一下自己应该扮演什么样的角色，该如何正确地和孩子沟通，正确有效地提问。

孩子的思维发展特点是从直观到形象再到抽象，因此，每个年龄段的提问都是有技巧的。妈妈们也要多学习一些提问的技巧，在和孩子沟通的过程中，不断尝试，总结出适合自己和孩子的提问方法。

这里，给大家介绍几种常用的提问方式：

封闭式提问，针对重点是3岁以下的孩子，它可以锻炼孩子的自主性，整合直观经验，即思维之间的互换。这种提问可以用"是"或者"不是"、"会"或者"不会"、"对"或者"不对"等简单词语来回答。比如，果果在沙滩上被小朋友扔了沙子的时候，我问他"很难受是吧？""那你这么难受，会把沙子扬在别的小朋友身上吗？"果果回答说："绝对不会的，我不会欺负别人的。"

假设性提问，可以针对 3 岁以上的孩子，具有天然的间接引导功能，引发孩子思考，而且可以随时随地结合直观事物或者设定的情景进行引导，符合孩子的心理和智力发展特征，容易被孩子接受。这样的提问方式在书中很多故事中都有体现，家长们可以再次阅读体会。

比较式提问，也是针对 3 岁以上的孩子，可以引导孩子以立体、多面、多角度的方式思考问题。比较式提问可以求同，也可以是求异，看具体的情况采用不同的提问办法。

提问按照情景和方法分类，有不同的方式，读者朋友们可以找一些关于提问的方法、提问的技巧之类的图书，学习一些基本的提问方式，这有利于问出正确的问题，开发孩子的语言和思维。

最后，再和读者们分享一下"沙滩上的'拳头'外交"中，面对孩子遇到的问题或者突发事件，一个正确的行动指南。如何通过提问让孩子独立解决问题，以下八个步骤，是很有效的解决办法。

按照以下的沟通环节，我们就可以很好地引导，并根据孩子的反馈，不断提问：

1."发生了什么事情？"关心，表达关注。

2."你的感觉如何？"共情，情绪安抚第一。

3."你想要怎样？"引导，让孩子自主解决问题。

4."那你觉得有哪些办法可以解决？"思考，引导孩子思考解决办法。

　　5."这些方法的后果会怎样？"评估，家长评估后果，保驾护航。

　　6."你决定怎么做？"决策方案，引导解决问题实施方案。

　　7."你希望我做什么？"支持，随时提供支持。

　　8."结果怎样？有没有解决问题？"总结，让孩子总结反馈，沟通分享。

后记

一辈子的爱

现在的孩子是幸福的。

但我又时常觉得孩子"可怜"。

从果果上幼儿园时起，每次带他出去玩，发现没有同龄孩子跟他一起玩，因为适龄的孩子都在忙着去上各种培训班。我觉得不仅是我儿子可怜，其他孩子也可怜。现今这种情况下，我们做家长的其实更可怜。

我们的孩子面临升学的压力、竞争，大家都不愿意输在起跑线上，都是这么一个愿望。但我真心不认为把孩子变成"神童"，让他学了这个、学了那个就是爱他，也不认为只有这样，他才能够成功。

其实，我觉得成功的意义就是让孩子快乐健康地生活在这个世界上，做个好人，做个认真负责的人，做个对社会有用的人就可以了。这是我对孩子的最大期望。也许，卸下了"成功"这个担子，孩子和家长才会变得不那么"可怜"，孩子和家长之间才会有更多的"正确的爱"。

在整个陪伴孩子成长的过程中，我所获得的一点也不比给予的少，甚至可能更多。在果果成长的 9 年时光中，我也在成长，也在改变。

对于我自己来讲，我的身份是多重的。不仅是孩子的妈妈、老公的老婆、公司的职员，也是爸爸妈妈的女儿。所以，我觉得一个人能够摆正自己的位置，能够扮演好各个角色，本来就是一件非常难的事儿，何况我们的精力、能力是有限的。也许你是一个优秀的高管，却不一定是一个称职的妈妈；也许你是一个称职的妈妈，但是对社会的其他贡献可能有限。

在这个过程里，怎么平衡好家庭、工作、生活等各方面？我也在不断探索中，学习着、思考着、实践着。经过 9 年的"妈妈"职业经历，我逐渐清晰地认识到，在我的内心里，"妈妈"是我一辈子的事业。

通常女人的品质决定了家庭的幸福指数；女人的饮食习惯决定了一家人的健康；女人的胸怀决定了亲戚和邻里之间的和谐。某种程度上，老婆的智慧也决定了男人事业的长久，妈妈的修养决定了孩子成长的优劣，所谓"娶错一个媳妇，连累三代人"，是不无道理的。

每一位女性都期望能够把工作和家庭平衡融合在一起，那才是最好的，因为你的工作、你的生活、你的所有的东西都是一脉相承的。如果不能融合在一起，孰重孰轻呢？对于我来说，作为一个女性，首先会考虑家庭和孩子，因为孩子是一辈子的事业，是无固定期限的合同，是脱离不了的。有一句话我觉得很好，"我们一定要把身体弄好，不给孩子添麻烦；一定要把孩子教育好，不给社会添麻烦"。

我之所以想写这本书，是因为："The roses in her hand, the flavor in mine."（赠人玫瑰，手有余香。）

平日里，我经常会把生活中我和果果的小故事分享给周围的人。大家听过后，都觉得这些故事很有意思，教育方式也很新鲜，建议我写出来，让更多的人看到，体会到亲子教育的巧妙之处。

当写出第一篇的时候，好多人看后都有很多想法，可谓众说纷纭、莫衷一是。例如，有的家长说：原来教育孩子还可以这样，真想重新来过；有的家长说：哎哟，这办法真好，我怎么没想到，我要是早想到，孩子早教育好了。看完之后，发现原来我想的都是错的；还有的家长说：任何人都很难改变我，只有孩子能让我改变……这些反馈是鼓励我继续写下去的原因。

还有一个关键原因：0~9岁是孩子成长的关键期，很多家长却不知道，从而忽略了教育孩子的最佳机会。

就像我们常说的"3岁看大，7岁看老"。也许有的人会说等你的孩子考上哈佛、耶鲁，或者清华、北大了，你再写可能就完美了。我觉得不是这样的，不是说孩子要到了哪个程度才算成功。每个孩子都是独一无二的，我想分享的是这9年时间里孩子成长的点点滴滴，让更多的家长能够看到我成长过程中做对的地方、做错的地方，或者值得大家借鉴的地方。因为这些故事，在你家里可能也会发生。那么你的处理方式是怎样的，孩子又有什么提升呢？你又获得了怎样的成长？读者若能从本书的育儿故事中有一点点体会，甚至一点点收获，我认为就够了。

我的孩子9岁生日是10月14号，我想把本书送给我可爱的孩子，作为生日礼物。有的家长可能会带孩子出去拍照、拍DV等作为童年的记录，我觉得把这些故事以文字的方式记录下来，也是对于我和孩子，对于家庭的一份小的纪念品。

最后，特别感谢我的爸爸妈妈，感谢我的孩子，感谢我的老公。我觉得生活在一个充满爱心的家庭里面，我很幸福，我是一个幸福的果妈。也衷心希望您亲爱的宝宝和家人健康、快乐、幸福一辈子。

2013 年 10 月 14 日

船和帆

孩子是船，家庭是帆；

帆决定着船能走多远。

船上有了帆，才能驶向前方美好的地平线；

帆安装在了船上，才能把搏击风浪的本领施展；

冥冥之中，船和帆，仿佛上天的安排——生命相连。

有时候，船想脱离帆，

总以为帆只会高高在上，

并不体会自己在水中前行的阵痛和艰难，

船的心里好像有许许多多苦恼、怨恨和愁烦……

帆永远死心塌地呵护着船，

无怨无悔，任劳任怨，

迎接着风，搏击着浪，

不管是烈日、暴雨，还是雷鸣、电闪，

帆永远只有一个心愿：

竭尽全力地呵护着船。

船和帆，

驶出港湾，

就注定了生命相连。

船和帆，

不管是顺流，

还是逆流，

就只有永远、永远，

一起，向前！